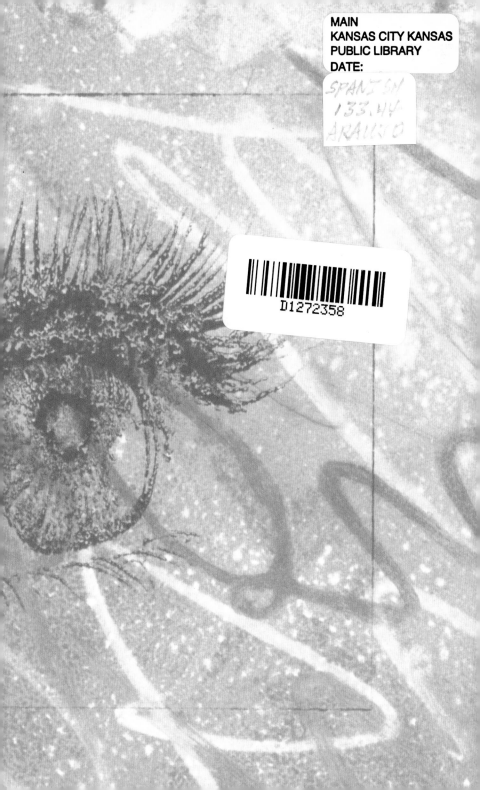

AMULETOS
Y TALISMANES

AMULETOS Y TALISMANES

Miriam Araújo

INTRODUCCIÓN

La palabra amuleto deriva del latín «amuletum» y ésta, a su vez, provenía del bajo latín «amoliri» que significaba «apartar o alejar», pues con respecto al objeto se le creía con el poder de alejar o apartar el mal. Los amuletos más antiguos encontrados son de piedra, bronce, cuero o arcilla, pudiendo tener forma circular, amartillada, rueda, etc. Con el correr del tiempo fueron sumándose otros elementos para la confección de los amuletos, empleándose abundantemente plantas, animales y, finalmente, la escritura.

Amuleto es, pues, cualquier objeto al que se le atribuye el poder de apartar los males, los sortilegios, pestes, enfermedades, desastres, o contrarrestar los malos deseos proyectados a través de la mirada de otras personas. También son muy útiles como símbolos o instrumentos de concentración de nuestra propia energía cuando estamos trabajando con un fin específico; por ejemplo, el éxito de un negocio. Igualmente nos acompañan en nuestro proceso de crecimiento, como apoyos y recordatorios de nuestra esencia o nuestro poder animal, aunque, sin embargo, es necesario tener presente que sería un error otorgarles un poder que únicamente nos pertenece a cada uno de nosotros: el poder de crear nuestra propia realidad.

Lo cierto es que desde el principio de los tiempos el ser humano buscó protegerse de los ataques de la naturaleza, a la que veía, no solamente como la proveedora de alimento para sí y su especie, sino también como violenta y devastadora de su propio hábitat. Para evitar su ira incontrolada empleó estatuas, ídolos, tótems, dibujos y, especialmente, la quema de hierbas y materias extrañas. Después se dio cuenta de que su mayor enemigo era él mismo, en ocasiones su propio compañero o amiga, y buscó refugio en los dioses para que le protegieran de otros seres humanos. Con ello llegaron los crucifijos, las medallas y las estatuas representativas de las divinidades, pues estaba seguro de que con tan grandiosos seres inmortales nadie se podría atrever. Ilusos.

DIFERENCIA ENTRE AMULETO Y TALISMÁN

Existe una diferencia fundamental entre la palabra amuleto y talismán. La función que cumple el amuleto es la de preservar de daños o enfermedades, mientras que la palabra talismán, que, según algunos autores, parece derivar del árabe *tilism*, tiene la propiedad de atraer la buena suerte y lograr hechos prodigiosos en la vida de quien los porta. Los talismanes son de época posterior a los amuletos, ya que el ser humano fue perfeccionando su comunicación entre sí, como también adquiriendo mayor conocimiento de las fuerzas naturales. Por tanto, los talismanes fueron confeccionados teniendo en cuenta la influencia de los astros, las horas, los días, las deidades, los nombres, etc., así como, también los materiales, que debían ser de naturaleza noble, como, por ejemplo, el oro o la plata.

Si bien es cierto que hay amuletos para atraer la buena suerte como talismanes para precaverse de desgracias, los primeros cumplen la función antes citada de proteger y los segundos de canalizar energías portentosas para el propietario.

Un AMULETO es cualquier cosa a la que uno sienta afinidad o simpatía, habitualmente una «piedra», «pata de conejo», «un cuarzo», «hueso de una fruta», etc. La condición para que esto funcione es que cuando se esté dispuesto a conseguirla la persona lleve consigo fija la intención para la cual quiere obtenerlo, ya sea para suerte, amor, protección, etc. También se le considera como un pequeño objeto al que se atribuye el poder de alejar el mal o propiciar el bien, siendo imprescindible que la persona lo lleve consigo.

Se distingue del uso cristiano de medallas, escapularios y otros artículos religiosos, pues mientras éstos son símbolos de nuestra confianza en Dios y en la Virgen, a los amuletos, por el contrario, se les atribuye un poder intrínseco o relacionado con poderes ajenos a Dios.

Un TALISMÁN es algo que se fabrica especialmente para la persona, basándose en lo siguiente:

1. Se debe conocer la carta natal de la persona para encontrar los aspectos que trae de nacimiento y que no le están favoreciendo en su vida, y que por tanto en ellos tiene dificultad de expresarse.
2. Al conocer los aspectos desfavorables y qué planetas los producen al estar en desarmonía con él, se encuentra el momento en el cielo en el que esos planetas están produciendo un aspecto favorable en ese momento exacto. Así se realiza la unión de los metales por medio de la fusión y que quede esta fuerza vibratoria al enfriarse, con el fin de que ésta vibre con la fuerza necesaria para compensar la falta de esa energía en el aura de la persona. Por esta razón, un talismán es personal y para siempre.

Ahora vamos a ver algunos ejemplos de amuletos y talismanes que nos han llegado desde la antigüedad y aún hoy en día siguen funcionando tal como antaño.

Los materiales que se han usado desde siempre están clasificados por sus propiedades y por su asociación astrológica.

CORRESPONDENCIA ENTRE PLANETAS Y PIEDRAS

SOL	ESCARBUNCIO
LUNA	DIAMANTE
MARTE	RUBÍ
MERCURIO	ÁGATA
JÚPITER	CRISOLOCOLA
VENUS	ESMERALDA
SATURNO	OBSIDIANA

CORRESPONDENCIA ENTRE PLANETAS Y METALES

SOL	ORO
LUNA	PLATA
MARTE	HIERRO
MERCURIO	MERCURIO
JÚPITER	ESTAÑO
VENUS	COBRE
SATURNO	PLOMO

CORRESPONDENCIA ENTRE ZODIACO Y LAS PIEDRAS PRECIOSAS Y SEMIPRECIOSAS

ARIES	**CORNALINA, RUBÍ, ÁGATA ROJA, GRANATE**
TAURO	**ESMERALDA, ÁGATA VERDE, PERIDOTO**
GÉMINIS	**BERILO, ÁGATA, TOPACIO, OJO DE TIGRE**
CÁNCER	**AGUAMARINA CLARA, SELENITA**
LEO	**BRILLANTES, RUBÍES, CITRINOS**
VIRGO	**ÁGATA VERDE, OLIVITA, TOPACIO**
LIBRA	**ESMERALDA, DIAMANTE, AGUAMARINA**
ESCORPIO	**GRANATE, HEMATITE, AMATISTA MORA**
SAGITARIO	**TURQUESA, LAPISLÁZULI, RUBÍ**
CAPRICORNIO	**ÓNICE NEGRO, OBSIDIANA, JADE ROSA**
ACUARIO	**ZAFIRO AZUL, CIRCÓN, AMATISTA VIOLETA**
PISCIS	**ÓPALO, CORAL, TURQUESA**

Además de estas piedras mencionadas, existen infinidad de ellas que también se asocian a los diferentes signos astrológicos, por lo que un buen estudio acerca de la relación entre la persona y las piedras puede ser de gran ayuda. También es importante saber qué piedra podemos llevar, tanto por su costo como por la simpatía que despierte la misma en cada uno de nosotros. Para ello, la técnica más simple consiste en elegir la piedra con la que más *afinidad* podamos sentir al momento de adquirirla.

Podemos pasar las manos por encima de ellas hasta sentir el calor especial que emana de las piedras, aunque otros se guían por la vista y la emoción que les despierta, siendo lo más importante reconocer esa afinidad entre la piedra y nosotros mismos.

¿POR QUÉ RAZÓN FUNCIONAN LOS TALISMANES?

Éstos funcionan debido a que cuando uno nace y algunos planetas están enviando en el cielo sus vibraciones combinándolas y en consecuencia éstas tocan a la Tierra, el individuo al nacer recoge estas energías. Con ellas inicia su vida, portando ya esas virtudes o deficiencias según sean esas vibraciones al ser combinadas. Si están bien, la persona gozará de beneficios, pero si están mal, tendrá dificultades para lograr sus objetivos en las áreas que estén afectando los planetas.

Sabemos que en todo lo que existe hay resonancia o afinidad entre unas cosas y otras, o sea, que están vibrando a la misma armonía, aunque en diferente escala vibratoria. Sabemos que los planetas tienen resonancia con diferentes metales, esto es: Marte con el hierro, Venus con el cobre, así como el Sol con el oro y la Luna con la plata, etc. Por ello, cuando en el cielo se encuentran algunos de los planetas en ángulos que dan al combinarse una fuerza positiva o constructiva, en ese momento hay que elaborar el talismán para que así conserve la estructura atómica armónica que los unió. De hacerse correctamente, en tiempo y manera, el talismán ayudará durante toda la vida a la persona que lo lleve y que le sea armónico.

Descubre ahora su significado de acuerdo a su forma, para obtener suerte en alguna etapa de la vida. Muchos artistas lo llevan en su cuerpo o lo repiten insistentemente con sus gestos

• LOS ABANICOS:

Aseguran belleza y salud.

• MANO DE LA VICTORIA:

Se usa desde tiempo inmemorial para atraer buenas vibraciones.

• LAS BALANZAS:

Protegen contra las injusticias.

• LAS LLAVES:

Ayudan a vencer los obstáculos. Deben ser siempre de metal.

- **LOS ELEFANTES:**

Con la trompa hacia arriba, aseguran prosperidad y ayudan a tomar decisiones acertadas. Con la trompa hacia abajo, producen el efecto contrario.

- **LA MEDIA LUNA:**

Evita las discusiones, la violencia, y protege a las mujeres y a los niños, pero no a los hombres.

- **LOS PECES:**

Proporcionan perseverancia y energía para llevar a cabo los proyectos; su mayor efecto se produce cuando son de plata.

- **COLMILLOS:**

Curvos, atraen a las energías positivas; los rectos, las negativas.

- **LAS TORTUGAS:**

Protegen contra el mal de ojo y la magia negra, pero deben ser de bronce o marfil.

- **LOS CANDADOS:**

Protegen la salud.

- **LA MANO HINDÚ:**

Con los dedos extendidos, separados, y la palma hacia fuera, atrae la bondad y la justicia, así como la generosidad. Su efecto más fuerte se produce cuando se llevan en el cuello o en alguna parte de la casa.

- **LA MANO CON EL PULGAR APARECIENDO ENTRE EL ÍNDICE Y EL DEDO MEDIO:**

Protege contra las influencias negativas y ayuda a superar obstáculos.

- **LA MANO DE FÁTIMA:**

Con los dedos extendidos y una piedra en la palma de la mano, es un amuleto de suerte y protege contra las enfermedades, siendo más efectiva si la piedra tiene forma de ojo.

- **PULSERAS DE PELO DE ELEFANTE:**

Protegen contra las desgracias.

- **MONEDAS CON AGUJEROS:**

Dan suerte en los juegos de azar, pero son más efectivas si son de cobre, oro o plata.

- **PUNTAS DE FLECHA:**

Protegen contra la envidia; son más efectivas si son de madera o de obsidiana.

- **HERRADURAS:**

Aportan protección contra el mal de ojo y dan suerte y prosperidad; son más efectivas si son de hierro y deben ponerse cerca de la puerta en una casa o cerca del corazón.

• LA ARAÑA:

Se supone de buena suerte y es buen presagio encontrar una dentro de la casa, como símbolo de futura prosperidad material.

• CUERNO DE CIERVO:

Se utilizaba como amuleto de amor.

• CUERNO DE RINOCERONTE:

Durante mucho tiempo estos pobres animales fueron cazados sin misericordia por el supuesto poder de juventud y fertilidad.

• FIGURAS EN FORMA DE DELFÍN:

Símbolo de amor, devoción y trabajo. Se dice que evita los naufragios.

• DRAGÓN:

Para los chinos es símbolo de poder y de vida, y se llevan en forma de adorno para asegurar felicidad, amor y fertilidad.

• ESCARABAJO:

De origen egipcio, se considera como símbolo de la vida eterna y protección contra el mal. Asegura larga vida.

- **ESCORPIÓN:**

En este amuleto no se usa el insecto, sino su forma para protegerse de los enemigos y de todas las formas del mal.

- **GOLONDRINA:**

Se hace de plata para la buena fortuna, considerándose de buen augurio que el animal vivo haga su nido en la casa.

- **LECHUZA:**

Para algunos, símbolos de sabiduría, y para otros, augurio de desgracia y muerte, especialmente cuando canta.

- **PAVO REAL:**

Da mucha suerte a quien posee uno vivo, pero sus plumas arrancadas dan mala suerte a mujeres solteras.

- **EUCALIPTO:**

Se piensa que es una protección contra los males respiratorios si se pone debajo o muy cerca de la almohada.

- **LA MANO HACIENDO CUERNOS:**

Con el índice y meñique extendidos y el resto de los dedos cerrados, protege contra el mal de ojo.

- **HOJAS DE LAUREL:**

Se llevan en una bolsita o se pone una hoja en cada esquina de la casa (dentro) para protegerse de todo mal.

- **ROMERO:**

Se lleva encima para atraer buena suerte. También mejora la mente y la memoria; promueve el amor y la amistad.

- **MAÍZ:**

Se llevan unos granos dentro de una bolsa de franela roja para atraer dinero.

- **MANZANILLA:**

Eficaz amuleto para cuando se desea algo que depende de otros.

- **FLORES DE AZAHAR:**

Dan amor y facilitan el matrimonio si las llevas contigo dentro de una bolsita de franela roja.

CONFECCIÓN DE AMULETOS

La confección de un amuleto ha sido siempre tarea de los magos, sacerdotes, hechiceros, brujas, brujos, maestros, ascendidos, etc. Usted se preguntará cómo es posible que algunas veces con un buen deseo de por medio puede uno magnetizar un elemento para que lleve todo los buenos deseos a su portador. Pero la respuesta es sencilla.

Sucede que cuando una persona trabaja con energías está más impregnada de ciertas sutilezas espirituales, que puede transmitir a través de los objetos. Conoce su arte, y puede aplicarlo.

Siempre que se busque un talismán o un amuleto, se deberá hacer «bendecir» por otra persona que esté en un nivel superior de quien lo quiere portar. Puede ser un sacerdote de su religión, que impondrá sus manos en los objetos permitidos dentro de su culto, o alguien que practique alguna rama especial de conocimientos espirituales. Por supuesto que es usted quien deberá decidir a quién darle el objeto para que lo bendiga.

En el caso de comprar o confeccionar un amuleto para otra persona o para sí mismo, deberá efectuar estos simples pasos:

1. Compre una vela de color blanco.
2. Úntela con aceite perfumado, como, por ejemplo, esencia de sándalo.
3. Enciéndala en un lugar seguro.
4. Colóquela sobre un plato.
5. Rodee el plato con polvo de hojas secas de laurel.
6. Haga una oración a media voz a su guía espiritual o santo de su devoción.
7. Cerca de la vela, coloque el amuleto que quiere trabajar, con cuidado de que no vaya a estar muy cerca como para quemarse.
8. Deje que se consuma toda la vela.

9. Luego perfume su amuleto con el aceite que usó para la vela y deje su amuleto por espacio de una hora expuesto a los rayos del sol matutino.

10. Envuélvalo después con una tela de color azul, o del color que requiera su amuleto, y guárdelo por espacio de veinticuatro horas, al cabo de las cuales podrá usarlo tranquilamente en la seguridad que esas energías sólo trabajarán para usted.

LA CADENA DE SAN MIGUEL ARCÁNGEL

Comprarás una cadena del grueso que más te guste y se ajuste a tu personalidad. La llevarás desde el comercio donde la adquiriste a tu casa. Luego comprarás agua de montaña (agua mineral de esa procedencia) y pondrás el agua en una vasija de barro o cerámica. Habrás de encender siete carbones vegetales, a los cuales irás echando granos de incienso. Sobre el humo que desprende pasarás la cadena, rezando la oración a San Miguel Arcángel siete veces, siete padrenuestros y siete glorias. Después echarás los carbones encendidos en el agua que contiene la vasija. Lo dejas reposar unos minutos, lo cuelas, y pones ese agua en un vaso de cristal o vidrio sin marcas y de buena transparencia. En ese agua pondrás la cadena por espacio de una noche.

Sobre el agua debes rezar la oración a San Miguel y poner el vaso a la intemperie, en el período de luna llena. Al día siguiente se puede usar poniéndola alrededor del cuello o en la mano derecha.

Si se quiere, puede pender una medalla del arcángel o una espada hecha de plata y oro, así como también una medalla o imagen en forma de balanza a la que sólo se le hará la inmersión en el agua de montaña o en agua bendecida.

EFECTO:

San Miguel nos protege contra la soberbia de personas molestas y nos defiende de todo ataque maléfico. Conciliador y justiciero.

AMULETOS Y SÍMBOLOS

La magia fue siempre muy importante en el Antiguo Egipto. Los egipcios eran muy supersticiosos, por lo que la posesión de amuletos y la práctica de ciertas fórmulas o hechizos les aseguraban una vida más tranquila. La posesión de amuletos era una práctica habitual, y en las momias se colocaban gran cantidad de ellos para que el difunto pudiese salvarse en su viaje por el Más Allá (en la momia de Tutankamon se encontraron 143 joyas). En vida se llevaban colgados del cuello o en las muñecas o como anillos, costumbre que aún hoy perdura. Se elaboraban con diversos materiales como cerámica, vidrio u oro, y de diferentes colores que representaban la vegetación (verde), el cielo o el mar (azul), y la carne brillante e incorruptible de los dioses (oro).

En esta sección los hemos dividido en tres partes: amuletos, símbolos de poder y animales.

Se denomina amuleto a un pequeño objeto al que se atribuye el poder de alejar el mal o propiciar el bien y algo que generalmente la persona lleva consigo. El catecismo, sin embargo, es su página 2117 dice:

«Todas las prácticas de magia o de hechicería, mediante las que se pretende domesticar potencias ocultas para ponerlas a nuestro servicio y obtener poder sobrenatural sobre el prójimo —aunque sea para procurar la salud—, son gravemente contrarias a la virtud de la religión. Estas prácticas son más condenables aún cuando van acompañadas de una intención de dañar a otro, recurran o no a la intervención de los dioses.»

AMULETOS IMPORTANTES

Aegis (Escudo)	Anj (Cruz de la vida)	Ajet (Sol en el Horizonte)	Collar de oro
Dyed (Columna vertebral)	Dua (Adoración)	Egida (Contrapeso)	Escarabeo
Hetau (Vela)	Iunet (Arco)	Ib,Ab (Corazón)	Jepesh (Abertura de la boca)
Loto	Menat (Collar)	Nebu (Oro)	Pedjet (Arco)
Sa	Seshen (Loto)	Senet (Tablero)	Shen (Anillo)
Shut (Pluma)	Tyt (Nudo de Isis)	Thuf (Papiro)	Uady, Uatch (Columna de papiro)
Uas (Cetro)	Uch (Loto con corona atef)	Udyat (Ojo de Horus)	Ures (Reposacabezas)

SÍMBOLOS DE PODER

Barba	Corona Atef	Corona Desheret (corona roja)	Corona Hedyet (corona blanca)
Corona Jepresh (Corona azul)	Corona Pschent (Doble corona)	Hegat (Cayado)	Iaret (Ureo)
Mayal (Látigo)	Maza	Tocado Nemes	Sejem
Cetro Uas	Ureo (Cobra)		

LOS ANIMALES

Asno	Buitre (Neret)	Carnero	Cobra (Ureo)
Cocodrilo	Escarabajo	Escorpión	Fénix (Bennu)
Gato	Golondrina (Menet)	Hipopótamo	Ibis
León	Mangosta o icneumón	Toro	Vaca

AMULETOS Y TALISMANES
EN LA HISTORIA

JAMBHALA (en plata de ley)

Amuleto indio con más de 2.500 años de antigüedad, que representa la reencarnación del mago y alquimista llamado JAMBHALA, que según la leyenda estaba en contacto con los dioses y logró no sólo la reencarnación, sino riqueza, poder, fortuna y potencia amorosa.

EFECTO:

Las personas que llevan este poderoso amuleto se benefician del amor (por transmutación), de fortuna (por poder de los dioses) y como catalizador para encontrar la felicidad. (Por ser protegidas de Jambhala.)

ESTRELLA DEL PODER (en plata de ley y cuarzo tallado en facetas)

Este infalible amuleto, tallado en purísimo cuarzo blanco, forma en su interior una estrella de seis puntas formando un mágico hexagrama, diseñado según una adaptación de las poderosísimas clavículas de Salomón.

EFECTO:

Otorga a su portador el restablecimiento del equilibrio, así como ayuda a vencer tristezas, depresiones o estados de ánimo confusos, los cuales son canalizados a través de cuarzo y transformados en vitalidad positiva.

OJO DE HORUS (en plata de ley y piedra tallada)

Amuleto de origen egipcio dedicado al dios del Sol de Menfis, «Horus», el cual estaba siempre presente en las coronaciones de los faraones.

EFECTO:

Este colgante, en forma de ojo protector, es poderosísimo contra cualquier maleficio. Estimula, además, las facultades de intuición y destreza para conseguir nuestros deseos y objetivos.

MANO DE GLORIA (en plata de ley)

Este antiquísimo y poderoso amuleto en forma de mano anillada fue creado por primera vez hace ochocientos años en la época de las Primeras Cruzadas, por una hechicera que se dedicaba a la curación y a la magia blanca.

EFECTO:

Sus poderes siguen aún vigentes otorgando a la persona que lo lleve un buen dominio en todas las circunstancias de la vida, dinero, amor, y sobre todo actúa apartando de nuestro camino a las personas o sucesos que nos sean desfavorables.

Dicho amuleto es capaz de cortar cualquier tipo de magia negra o mala racha que estemos atravesando.

SAKTI (en plata de ley)

Este bello amuleto en forma de serpiente enroscada representa la sabiduría y el poder.

EFECTO:

Otorga y consigue la unión amorosa, potencia nuestra energía sexual, da fuerza a nuestras emociones y sentimientos hacia las personas que amamos.

Se emplea también como regalo cuando queremos conseguir o reconquistar un pasado vínculo de amor o amistad duradera.

ASHANTI (en plata de ley)

Este tierno y bello colgante, hecho en plata de ley con forma de muñeca africana, ha sido utilizado desde tiempo inmemorial por los antiguos pueblos de África, tanto para la protección propia como de las personas que amamos.

EFECTO:

Por medio de su influencia conseguimos pareja o nos ayuda a conservarla. Es indispensable para terminar con las crisis amorosas, así como con las discusiones y malentendidos, permitiendo conseguir una perfecta armonía.

IK-GA-OH (en plata de ley y hematites)

Este potente amuleto hecho especialmente por los indios iroqueses representa la auténtica flecha mortífera de «Hino» (gran espíritu del trueno, guardián del cielo).

EFECTO:

El valor que otorgaba le hizo desafiar y vencer en todas las contiendas.

Al llevar este colgante sentiremos cómo se destruye todo cuanto puede causar daño a su portador, actuando también como una auténtica barrera invisible de protección.

VALVANERA (en plata de ley)

Amuleto sagrado de los MEROVINGIOS (primer linaje de los francos que reinaron en la Galia entre los siglos V y VIII d.C. y cuyo fundador fue el poderoso rey Meroveo).

Tiene la forma de una abeja y se presenta en forma de colgante.

EFECTO:

Transmite poder y riqueza, eliminando obstáculos sobre todo a nivel financiero, potenciando no sólo los asuntos económicos propiamente dichos, sino ayudándonos en el aspecto laboral, ya sea encontrando trabajo o mejorando el que tenemos. También protege de las influencias negativas.

P'AN-T'AO (en jade y plata de ley)

Símbolo chino de la longevidad. Es el fruto del árbol jade que crece en el palacio imperial y que madura cada tres mil años. El P'AN-T'AO se ritualiza en el monasterio de KUEN-LUN, y se ofrece a los dioses en los banquetes de la inmortalidad.

EFECTO:

Alarga la vida, rejuvenece, sana al enfermo, restablece la capacidad sexual y es un excelente revitalizador neurológico (Gemoterapia).

MANO DE ABRAXAS (en plata de ley)

Procede del Antiguo Egipto, y es el talismán de Mont-Re-Harakthy, señor de Tebas, que reside en ON (alto Egipto). Este gran dios, el primero de los existentes, dice:

«Yo velaré por los portadores de mi talismán y seré la mano de la sanación con la piedra sobre la palma. Pro-

meto que su portador estará siempre sano de carnes, huesos y alma.»

EFECTO:

Talismán contra la tristeza, angustia, depresión, mal de corazón, mal de ojo, enfermedades o males incurables.

DADO TIBETANO - Para la adivinación (en plata de ley)

En el Tíbet, país mágico por excelencia, este dado se viene utilizando hace más de 2.000 años como talismán personal y familiar y como método para la predicción y adivinación. Sus treinta y seis combinaciones nos dan a conocer a través de la sabiduría de sus seis palabras sagradas: el tiempo pasado, presente y futuro.

EFECTO:

Usted personalmente puede obtener las respuestas precisas de su futuro, en relación al trabajo, familia, sexo, amor..., y sobre cualquier decisión que tenga que tomar.

NEBER-PAT (en plata de ley y cuarzo blanco tallado)

Poderoso talismán en forma de cruz, su combinación de nobles materiales y arcaicas formas actúa contra cualquier maleficio o peligro.

EFECTO:

Equilibra y potencia las energías favorables y curativas de nuestro cuerpo. Proyectándonos, además, hacia la consecución de nuestros deseos, ya sean de amor, dinero, trabajo o felicidad en general.

SELLO DE LOS DRACUL (en plata de ley)

Es un poderoso talismán elaborado en plata maciza. Fue creado y utilizado por los valientes caballeros del Dragón y sus descendientes, aunque hay historiadores que les consideran emparejados con el conde Drácula.

EFECTO:

Otorga protección ante las más difíciles pruebas, infundiendo coraje y valor para afrontar cualquier dificultad que nos surja en la vida por importante que sea, ayudándonos a descubrir nuevas oportunidades para disfrutar de la felicidad y el equilibrio. Imprescindible para personas tímidas e inseguras.

GAIA (en plata de ley y con esfera de cuarzo)

Talismán de sanación y equilibrio energético.

EFECTO:

Especialmente concebido para la limpieza del alma, el reequilibrio de CHACRAS y para mejorar o sanar enfermedades, sobre todo de tipo psicosomático o emocionales.

Está también creado para sanadores, tanto para utilizarlos con las personas a tratar, como para hacer de protección cuando ejercen una sanación.

Las manos de plata que sujetan la esfera representan la sabiduría y el poder de la «Madre Tierra», «Gaia», que nos brinda la vuelta a la salud.

DOTH (en plata de ley)

Este milenario talismán en forma de sagrado candelabro ritual de siete brazos (los siete días de la semana, los siete chacras) fue creado en tiempos de Moisés.

De inspiración cabalística, tiene la propiedad de ayudarnos en esas épocas de la vida en que necesitamos cambios positivos.

EFECTO:

Potencia la fuerza de voluntad y la intuición. Además, nos inspira para tomar las decisiones adecuadas y para saber elegir a la persona apropiada que nos ha de acompañar en nuestro largo camino.

NAGA (en plata de ley y piedra semitransparente)

Esta bellísima serpiente reptante del Panteón hindú representa la sabiduría, los poderes intelectuales y la meditación.

De la familia de las Naga nació «Muchalinda», el espíritu de la serpiente gigante que protegió a Buda durante sus días de meditación.

EFECTO:

Este talismán posee valiosos poderes para ayudarnos a la concentración. Potencia nuestras facultades mentales y nuestra autoestima.

Es indispensable como protector contra maleficios o malas energías externas. También nos ampara cuando se efectúan rituales.

EL ANILLO ATLANTE (en plata de ley)

Descubierto en Egipto hacia 1880, fabricado y esculpido por los Atlantes en gres milenario de OSSOUAN, permite leer claramente las líneas geométricas con las que está adornado; construidas, repartidas y alineadas, según un orden misterioso, con unos resultados esotéricos aún sin esclarecer.

EFECTO:

Las propiedades de este anillo son extraordinarias, pues protege contra las malas influencias o maleficios de toda la naturaleza.

Como protección puede llevarlo en todas las situaciones importantes. Así como durante el sueño, puesto que agudiza ciertas cualidades metafísicas, particularmente la intuición.

ANKOR - Gran anillo tibetano (en plata de ley)

Emblema de la secta budista GELUGPA, que se remonta al 1372 y que es la corriente budista más importante del Tíbet, superando a las otras tres sectas: Sakya, Kadyu y Nyngma. Todos los monasterios tibetanos y otros del Nepal y la India conservan en el frontispicio de la puerta principal el emblema sagrado tal como está representado en el anillo.

EFECTO:

La fuerza de este anillo otorga a las personas de amplio espíritu y corazón el equilibrio y el valor preciso para enfrentarse con confianza ante cualquier adversidad que nos depare la vida.

DRUIDA - Gran anillo del Poder (en plata de ley)

Era utilizado por los sacerdotes y sacerdotisas druidas en sus rituales, en los que al portador del anillo se le otorgaba poder. Posteriormente, fue utilizado por los caballeros templarios con el fin de obtener protección, buena fortuna, coraje y decisión en empresas muy puntuales.

EFECTO:

Su forma, tamaño y la disposición de sus cinco runas infunden a su portador seguridad y valor, y le amparan contra cualquier maleficio, abre todas las puertas, rompe la mala suerte y nos equilibra potenciando nuestras acciones.

EL ANILLO DE LOS DESEOS (en plata de ley)

Realizado artesanalmente en plata de ley, con siete aros planos en la parte inferior, ondulados y redondos en la superior, superpuestos y unidos.

Su formación y estructura recuerdan una galena moderna, lo que explica la ampliación y recepción de cualquier pensamiento positivo emitido por su portador.

Una vez conseguido un deseo, se debe ofrendar un aro del anillo a «Gaia» (la madre Tierra) desprendiéndolo, cortándolo y enterrándolo en tierra.

EFECTO:

Dicha ofrenda favorece la fuerza de los otros aros en forma de energía «Car» (antena para la tierra).

LA ROSA DE JERICÓ

Es un bulbo seco originario de la tierra que vio la pasión y la muerte de Jesucristo. Según la leyenda, al morir Cristo y derramar su sangre por nosotros, la energía de esta planta se difundió por todo el mundo y arraigó de una manera especial en toda la zona donde tuvo lugar su muerte.

EFECTO:

Como símbolo surgió esta maravillosa planta que elimina las vibraciones negativas en el hogar, atrae el amor, la salud y la paz, y además potencia el bienestar económico.

La rosa debe sumergirse dentro del agua (pecera redonda o copa). Si el agua está siempre clara, es que todo va bien.

CAMPANA TÍBET (aleación de siete metales)

Tiene el sonido primordial OM. Su sonido modulado y armonioso relaja el espíritu y el cuerpo.

Es originaria de las montañas del Tíbet y está realizada de forma artesanal, siguiendo la técnica tradicional.

EFECTO:

Esta campana de tradición milenaria es imprescindible para la meditación y limpieza del aura.

CUARZOS TALLADOS

Estos seis cuarzos vivos tallados se utilizan desde tiempos remotos para la apertura de los chacras. La relación chacra-cuarzo es la siguiente: el chacra que representa el equilibrio personal se corresponde con la pirámide de cuatro lados, la creatividad con el cristal en forma de cubo, el equilibrio emocional con dos pirámides de cuatro lados unidas por su base, el amor y la salud con el pentágono de doce lados, la comunicación con la figura de veinte lados, la concentración y memoria con la estrella. El séptimo chacra, al ser más etéreo que físico, no está representado.

AMULETOS CRISTIANOS

A pesar de que la Iglesia cristiana condena las ideas supersticiosas inherentes al amuleto y a su uso, los fieles de los primeros tiempos aceptaron estas prácticas toleradas en cierto modo por Constantino. En las catacumbas mismas se han encontrado los amuletos que, no por su significación supersticiosa sino por las personas que los usaron, pueden denominarse cristianos: así, por ejemplo, se ha encontrado una tésera con la figura de una liebre, amuleto que entre los paganos pasaba como remedio para los males del vientre.

Esta clase de supercherías fue introducida en el cristianismo gnóstico, pero al lado de estos amuletos hay otros que merecieron desde luego la aprobación de la Iglesia, consistentes en objetos de devoción: cruces, medallas, reliquias y fragmentos de las Santas Escrituras llevados con verdadera fe. Estos elementos bien valen el valor intrínseco o sagrado de los mismos, especialmente por las bendiciones que los valoraban; tales como los agnusdéi. Recibían estos amuletos el nombre de *eucolpium*, voz que particularmente se aplicaba a la cruz de los obispos cuando contenían reliquias, aunque también se les llamaba filacterias entre los judíos.

El gabinete de medallas de la Biblioteca Nacional de París posee un amuleto cristiano del siglo II hallado en las cercanías de Beirut, consistente en una hoja de oro sobre la cual hay una inscripción grabada en caracteres griegos que podría interpretarse como: «Yo te exorcizo, ¡oh Satán! ¡Oh cruz, purifícame! a fin de que no abandones jamás tu morada en nombre del Señor Dios vivo.»

Existen otros ejemplares análogos al acabado de citar, pues había también medallones de oro, de plata, u otro metal, marcados con el monograma de Cristo y que se suspendían del cuello, muchos de ellos recogidos en las tumbas de los mártires. Después de la paz de la Iglesia continuó el uso de esa clase de amuletos y unas veces es un medallón, otras un pez, otras un asunto religioso, o en ocasiones una mano teniendo una tablilla que contiene una aclamación.

Por los Santos Padres sabemos que los primeros cristianos, especialmente las mujeres y los niños, usaban los libros de los Evangelios como amuletos para obtener curaciones milagrosas. San Gregorio el Grande envió a la reina Teodelinda, para su hijo recién nacido, Adulovald, dos filacterias o amuletos contra los maleficios o encantamientos. Consistían en una cruz conteniendo una partícula de la verdadera cruz y un ejemplar de los Santos Evangelios, dentro de una cajita de madera preciosa. Ambas cajas están hoy en el Tesoro de Monza, y ofrecen abjuraciones análogas citadas, escritas en caracteres griegos.

Por lo que hace a los Evangelios, desde los tiempos apostólicos se usaron como amuletos y se envolvía con ellos a los muertos. En la tumba de San Mateo, en la isla de Chipre, se encontró un ejemplar escrito por mano de San Bernabé y muchas sepulturas descubiertas en Roma, al demoler el antiguo Vaticano, han suministrado copias de dichos libros divinos encerradas en cajitas de plata, de bronce o de plomo. Por último, también se conservaban en las casas para alejar a los demonios y cortar los incendios.

AMULETOS PRECOLOMBINOS

A continuación, citaremos un ejemplo concreto de la historia puertorriqueña:

Desde siempre, o por lo menos desde épocas muy remotas, las aguas de muchos ríos de este país arrastraban pepitas de oro de ley o de buena calidad. A la población indígena de la isla le constaba la existencia de estos depósitos y los indios los recogían para fabricar con ellos amuletos llamados «guanines», que aparentaban ser toscos porque las técnicas de trabajar el metal eran primitivas y deficientes. Hoy en día, la civilización considera al oro como un metal especial porque es escaso y de difícil consecución. Sin embargo, el oro no es de la misma importancia para todas las culturas, pues para los indios, por ejemplo, era simplemente uno de los muchos metales útiles que utilizaban e incluso consideraban las piedras sólidas y redondeadas con las que tallaban sus cemíes sagrados tan útiles y preciadas como las pepitas de oro. La valoración europea del oro llegó a las costas puertorriqueñas con la llegada de los españoles que, en su afán de conseguir cada vez más de tan codiciado tesoro, cometieron muchos abusos contra los antiguos dueños de estas tierras.

AMULETOS CONTEMPORÁNEOS

Sabiendo con certeza que en su momento no fueron amuletos, y que se trataba de simples distintivos que marcaron una diferencia, los más destacados surgieron de grandes movimientos participativos, como la cruz gamada, que pasó a ser adoptada como un símbolo de la exaltación aria para los seguidores del nacionalsocialismo de Hitler, y que representa un delirio macabro para el resto de la humanidad.

Por otra parte, la circunferencia con el diámetro y dos radios, elegida por el movimiento hippie de los años 60, representaba para quienes la usaban un cuestionamiento a lo constituido, una afiliación a la libertad, un llamado a la amistad y a toda convivencia pacífica, y fue interpretada, por una sociedad consolidada en otros preceptos, como un amuleto identificatorio que daba vía libre al libertinaje, a la promiscuidad, y un pasaje a la droga. En ambos casos no se reverenciaba al símbolo en sí mismo, sino con el fanatismo, y cuya consecuencia llevaba a sus portadores hacia malos presagios que no corresponde juzgar en estas páginas. Por estos motivos, no podemos encontrarles ningún paralelismo con los amuletos antiguos.

Ahora hay otros tipos de amuletos, pues en los comienzos del siglo XXI se ha hecho una industria de las «mascotas electrónicas», de los «pin», de las «marcas», y hasta de los souvenires, parientes muy lejanos y para nada pródigos de sus antepasados, sucedáneos para una sociedad de consumo que los usa y abusa simplemente como adorno o formando parte de modas efímeras. En cuanto a la creación de amuletos personales, y a sus fórmulas para concebirlos, fáciles de encontrar en cualquier libro específico o en la propia WEB, representan, en los tiempos que corren, juegos de ínfimos significados y que apenas merecen una mención simplemente pintoresca.

Tratados en las casas inadecuadamente, lejos de los vórtices sagrados distribuidos en el planeta en lugares poco frecuentados o aún no descubiertos por el hombre moderno, son como los medicamentos que deja el visitador médico, «muestras sin valor». Aquellos antiquísimos amuletos contemplados todavía con misterio vemos que se reproducen, se modifican, se venden, van y vienen, pero su pasado cargado de magia, de espiritualidad, de esperanzas, se ha perdido entre la evolución intelectual. Ahora estamos llenos de descubrimientos científicos y de investigaciones profundas que han hecho retroceder la superstición, la magia y el encantamiento a simples referencias y menciones históricas. Pero aun a puro presentimiento, el poder de los auténticos amuletos está allí latente, rodeando sus expectantes existencias, prontos para renacer desde sus orígenes, con una fuerza milenaria que marcará definitivamente nuestros destinos. Habrá que saber encontrarlos y despertarles.

AMULETOS EGIPCIOS

Los amuletos representaban armas preservadoras de los peligros que traían consigo los días nefastos, designados así por los horóscopos de los sacerdotes, adivinos y hechiceros iniciados en el arte sagrado de la magia. Los amuletos que se conservan se han encontrado en los ataúdes y en las momias mismas de Egipto. Cada uno tenía su virtud especial, que se comunicaba a los muertos recitando una plegaria en el momento de fajarlos o al enterrarlos, y protegían, unos la cabeza, otros el tronco, otros los brazos o las piernas, formando así una armadura mágica.

Los había de todos los materiales. Los más frecuentes eran los «escarabajos». Los Tat, por ejemplo, mal llamados Nilómetros, que significaban estabilidad, estaban identificados por los egipcios con la espina dorsal. Por tal razón colocaban esta clase de amuletos pendientes del cuello de la momia para que el muerto pudiera franquear la puerta del cielo.

También son frecuentes en estos restos funerarios los Tá, las columnitas, la corona roja, la «cartela», las «égidas», el ojo simbólico (*udyat*), el collar (*menat*), la almohada (*ures*), los anillos (*shenu*) y la cruz con asa, signo de la vida (*ankh*). Por supuesto, hay amuletos diferentes como los jeroglíficos, el signo del amor, las cabezas de cobra (*Uræus*), pluma (*shut*), loto (*seshen*), las representaciones de diversos animales sagrados, el tocado de «Hator», compuesto del disco solar y dos plumas de avestruz y el muslo del buey. Algo menos populares, pero no por ello carentes del mismo interés, son la «tiorba», el horizonte solar, el ángulo, el corazón y la diosa cósmica Higit, que iba unida al dogma de la resurrección y por eso se encuentra sobre las momias.

La mayoría se hacían en amatista, en jaspe, en lapislázuli, en pasta vítrea y en feldespato. A los mencionados se agregaban los rectángulos de barro esmaltado conteniendo plegarias o representaciones divinas. Entre los amuletos hay que clasificar los papiros conteniendo fórmulas talismánicas, depositadas cuidadosamente en estuches de metal, a veces de oro, que se han encontrado en los ataúdes de momias.

AMULETOS DEL ORIENTE ANTIGUO

Los asirios, al igual que los egipcios, llevaban consigo preciosos amuletos. Las investigaciones epigráficas han dado a conocer la costumbre de los ciudadanos de arrojar sus amuletos a los cimientos de los edificios en el momento de consagrarlos, algo que queda expresado en una tablilla en donde el rey «Sargón» habla de la fundación del palacio de Jursabãd. La noticia se ha comprobado con los hechos, pues en las ruinas de aquella famosa ciudad se han encontrado centenares de objetos pequeños de diversas materias, tales como cilindros, conos, figuritas de barro cocido, conchas y guijarros perforados, que se conservan en el Louvre, siendo significativas en ellos las señales evidentes de haberse usado. Ello demuestra que en la solemne ceremonia de consagrar las cimentaciones debía ser costumbre desprenderse de los amuletos en un momento determinado y quizá a una señal de los sacerdotes.

Las tumbas sardas de Tarros han suministrado interesantes amuletos fenicios, muy parecidos a los egipcios, pues son figuritas y estatuillas de barro cocido, algunas esmaltadas, representando a diversas deidades. Entre ellas hay un dios con cabeza de gavilán; un dios pigmeo que recuerda a Phtah; otro que parece el «Bes», importado a Egipto de Arabia; una diosa alada cuyo cuerpo termina en cola de serpiente; el disco solar entre las dos alas plegadas y, en fin, los escarabajos, el ojo simbólico y unos estuches de oro o plata, conteniendo laminillas metálicas con inscripciones.

AMULETOS DE LA ÉPOCA CLÁSICA

Del Oriente el amuleto pasó a Grecia y luego a Roma. Plinio dice con razón que el uso de los amuletos nació de la medicina, como también la práctica de los encantamientos. Realmente unos y otros tuvieron su origen en la superstición, que atribuía a poderes ocultos males cuyas causas verdaderas no podían averiguarse. Dejando a un lado el ejemplo que la medicina hiciese de los amuletos, diremos que estaban comprendidos entre los numerosos remedios empíricos empleados, bien para curar las enfermedades, bien para prevenirlas designándolos con el nombre común de físicas, pues los males de causas desconocidas se atribuían a influencias sobrenaturales.

La superstición de lo que hoy se llama todavía en ciertos países el mal de ojo, es una creencia fascinante que está universalmente admitida y para preservarse de esta y otras influencias se usaban los amuletos. Éstos eran o sustancias naturales u objetos que presentaban ciertos signos o figuras, en los cuales residía la eficacia para curar las enfermedades, atribuyéndoles a veces la virtud de poseer propiedades naturales al mismo tiempo que otras esotéricas.

Los amuletos que inspiraban fe en general eran unas piedras preciosas o de formas raras sin más valor que las imágenes o caracteres que en ellas se veían. La mayor parte venían de Oriente y entre las más conocidas están: el ágata, el diamante, el jaspe, el cristal, la amatista, la antepates, la calcofana, la quelonia, el heliotropo y la hematita. Había otras piedras con poco o nulo valor, como la ceramia, el coral, la gorgonia, el ámbar, así como metales, particularmente el oro, el hierro, el cobre. También fueron empleadas diferentes plantas, como la aubepina, el rosal, el nerprun o la rosa de Jericó.

Esto era en cuanto a las sustancias naturales utilizadas como amuletos, pues también se empleaban como tales algunos miembros o partes de animales, como el diente de hiena, la carne y la grasa de lobo, la bilis de la cabra y la del perro negro, las orejas de rata, los cuernos del onagro cornudo, el talón de puerco y la lengua de la zorra. Más importantes eran los elementos de los murciélagos, de los búhos, las arañas y otras alimañas, además del *anguimum* o huevo, serpiente, la lengua del camaleón, siendo los dientes de numerosos animales unos de los amuletos preferidos. Cualquiera de estos elementos fue empleado abundantemente, con más o menos fortuna, en las prescripciones de la medicina empírica.

También se creía en la eficacia de ciertas reliquias de personas que habían perecido por accidente o víctimas de suplicios. Plinio enumera las enfermedades que se curaban o calmaban con el tratamiento de sangre de los gladiadores, tales como la gota, la erisipela y la epilepsia. Había también numerosos talismanes empleados, bien para excitar, bien para reprimir los ardores de los deseos amorosos y para destruir los encantamientos de que se creían víctimas los amantes. Indudablemente, todo ello avala y prueba la eficacia de los placebos, sustancias en sí mismo inocuas, pero que gracias a la mente del enfermo se transforma en la mejor de las medicinas.

En cuanto a los objetos artificiales como amuletos, es menester tener en cuenta que las piedras mencionadas y los metales preciosos servían de amuletos en formas de joyas o de adornos que llevaban suspendidos las personas, bien al cuello o sobre el pecho, bien como pendiente aislado, como collar, o cinturón, sortija o brazalete, puesto como cabezas de las agujas o cosidos a la vestiduras. Los amuletos que no podían llevarse fácilmente en las formas indicadas, se encerraban en saquitos o en cápsulas de oro o de cuero llamadas bulas, cuyo uso fue general, particularmente en Italia. Se llevaban suspendidas al cuello, al brazo, sobre el pecho, atadas a un collar o a un brazalete, y contenían también sin duda filacterias, recetas o fórmulas, tal como se ve en una bula conservada en el Louvre, que tienen grabados sobre una hoja de plata conjuros contra los demonios y los maleficios.

La costumbre era grabar esta clase de fórmulas en metales, siendo raras las recetas escritas en pergamino. Además de las bulas deben clasificarse entre los amuletos los discos y medias lunas, así como las faleras, tanto las que se ponían sobre las corazas como condecoración militar, como aquellas que servían de adornos en las cabezadas de los caballos.

Las piedras, el ámbar, el coral, los metales usados como talismanes, presentaban ordinariamente alguna figura simbólica o bien fórmulas, tomadas la mayor parte de la magia y de la astrología orientales. Ejemplo de ello son, por ejemplo, los «abraxas» de los gnósticos, y las piezas que llevaban nombres misteriosos como el de «Abracadabra», que se lee en todos los sentidos. En cuanto a las imágenes simbólicas, las figuritas representado a los dioses merecieron preferencia, figurando entre las más abundantes la Diana de Éfeso, Mithras, Isis, Anubis y sobre todo Serapis y Harpócrates. Este último, que era para los romanos el dios del silencio, debía preservar indudablemente contra toda palabra imprudente que pudiese atraer la mala suerte. En la misma categoría estaba la diosa Angerona, representada vestida o desnuda, que llevaba un dedo a la boca y otro atrás como para marcar los dos orificios por donde podía salir el ruido y romper el silencio, pues hacerlo en muchas circunstancias era presagio fatal. Un asa colocada en la espalda de las figuras no permite dudar que las llevaban colgadas del cuello. Por supuesto, también había figuras de hombres en la misma aptitud y otras con dobles cabezas, presentando por un lado faz humana y por otro de león.

Los Hermes y las imágenes de Apolo Agyeus, de Príapo, de Hécate y de otros dioses colocados ante las casas y los templos, tenían también carácter de amuletos. Con el mismo fin se reunían en una divinidad preferida los emblemas de otras muchas, a cuyas figuras se llamaban panteas, y que suelen representar a un tiempo a Harpócrate, la Fortuna, Venus, el amor, Minerva, etc. Algunas veces los atributos solos, sin las figuras de las divinidades, se ven reunidos en un amuleto que suele consistir en una placa de barro que parece haber estado provista de mango. Otras veces son las manos y los pies votivos con los atributos de los dioses; o son animales simbólicos, reales o fantásticos, figuras monstruosas, grotescas y con frecuencia obscenas.

Para precaverse del mal ojo, se usaron muchas figuras de animales y algunas de seres imaginarios, tales como Grifo, la Esfinge, la Sirena, y se adaptaban a los muebles, a las armas, vestidos, joyas, sobre muros, en las puertas, etc. Los elementos por excelencia fueron la máscara de la

Gorgona, de la cual se encuentran todavía ejemplares, y las representaciones del falo, no menos numerosas. A este género pertenecen también las figuras que recuerdan el falo por la postura, por la posición de los dedos, y objetos destinados como ciertas conchas de los géneros peine (*pecten*) y porcelana (*cypraea*), que servían de emblema del sexo femenino. Todos estos amuletos, y aun los amuletos fálicos, eran llevados a la vista por las personas y colocados de igual modo en los objetos y edificios. A esta serie debe agregarse el ojo, amuleto de origen egipcio, considerado como uno de los medios más poderosos de preservación contra el mal de ojo, y los «escarabajos» importados también de Egipto y que se fabricaron en Grecia y sobre todo en Etruria, donde se encuentran en abundancia montados en sortijas. Aparte de otras materias y objetos, y de la forma de nudo dado a ciertas sortijas y brazaletes que tenían carácter de amuleto, los medallones de los emperadores romanos con carneros eran objetos de una superstición.

ADIVINACIÓN Y MAGIA

Terminología que debes comprender

Adivinación

Se refiere a querer «desvelar» el porvenir recurriendo a espíritus (en ocasiones demonios), la evocación de muertos y otras prácticas.

Agnosticismo

Creer quizá que Dios existe pero no se le puede conocer.

Ateísmo

Filosofía que niega o rechaza la existencia de Dios, algo que constituye un pecado contra el primer mandamiento. Según San Pablo, «son culpables quienes...», pero nosotros actualmente también seremos ateos si damos mal ejemplo o falsificamos la doctrina.

Magia y hechicería

Con ellas se pretende domesticar potencias ocultas para ponerlas a su servicio y obtener un poder sobrenatural sobre el prójimo —aunque sea para procurar la salud—, y por ello son gravemente contrarias a la virtud de la religión. Estas prácticas son más condenables aún cuando van acompañadas de una intención de dañar a otro, recurran o no a la intervención de los demonios.

Llevar amuletos es también reprensible. El espiritismo implica con frecuencia prácticas adivinatorias o mágicas y por eso la Iglesia advierte a los fieles que se guarden de él. Se insiste en el recurso a las medicinas llamadas alternativas como medio para alcanzar la plenitud, evitando solucionar los problemas mediante la invocación de las potencias malignas, no explotando la credulidad del prójimo.

Irreligión

Es la acción de tentar a Dios de palabra o de obra. El sacrilegio y la simonía son pecados de irreligión, prohibidos por el primer mandamiento. Es más interesante poner a prueba su bondad en lugar de su ira.

Sacrilegio

Profanar o tratar indignamente a los sacramentos, personas, cosas y lugares consagrados a Dios.

Simonía

Es el comercio de cosas espirituales. Los objetos religiosos se regalan o se ceden, pero no debe comerciarse con ellos, salvo excepciones.

Según la religión:

- **Dios puede revelar el porvenir a sus profetas o a otros santos**

Sin embargo, la actitud cristiana justa consiste en entregarse con confianza en las manos de la providencia, en lo que se refiere al futuro, y en abandonar toda curiosidad malsana al respecto. Sin embargo, la imprevisión puede constituir una falta de responsabilidad.

- **Todas las formas de adivinación deben rechazarse**

En ellas están especialmente condenadas el recurso a Satán o a los demonios, la evocación de los muertos y otras prácticas que equivocadamente se supone «desvelan» el porvenir.

La consulta de horóscopos, la astrología, la quiromancia, la interpretación de presagios y de suertes, los fenómenos de visión, el recurso a «mediums», encierran una voluntad de poder sobre el tiempo, la historia y, finalmente, los hombres, a la vez que un deseo de granjearse la protección de poderes ocultos. Están en contradicción con el honor y el respeto, mezclados de temor amoroso, que debemos solamente a Dios.

LA MAGIA DE LOS PERFUMES

Los perfumes como amuletos para atraer y modificar las sensaciones

Muchos son los placeres que la Naturaleza ha concedido al hombre, pero pocos hay tan delicados y al mismo tiempo tan intensos como los que proporciona el sentido del olfato.

La palabra perfume proviene de «per», a través de, y «fumum», humo.

Ah, ¿qué puede hacer el lenguaje?
Ah, ¿dónde encontrar palabras,
colores, cuyo poder,
para acercarse a la vida, perfumen mis canciones
con ese delicado óleo, esas auras aromáticas,
esa inacabable corriente que incesante fluye?

(Thomson.)

Los textos antiguos indican claramente que los perfumes se obtuvieron en un principio quemando maderas y resinas aromáticas, y parece como si una idea mística estuviera íntimamente unida a esta clase de sacrificios, como si los hombres pensaran que sus oraciones alcanzarían antes los reinos de sus dioses envueltas en las azules espirales que lentamente ascendían por el cielo y se disipaban por el aire.

Desde los tiempos de los antiguos egipcios, los perfumes se destinaron a usos domésticos y poco a poco se convirtieron en una necesidad para aquellos que tenían gustos y costumbres refinadas.

Fueron transmitidas su utilidad y técnica de elaboración por los egipcios a los judíos, luego a los asirios, a los griegos, romanos, árabes y finalmente a las modernas naciones europeas que emergieron de su prolongado caos de barbarie y desorden y practicaron más las artes de la paz.

Los faraones

Tan importante y serio fue, y es, el mundo de los olores, que es muy posible que las terribles maldiciones faraónicas, mediante las cuales los profanadores de las tumbas enloquecían y se suicidaban o se convertían en asesinos despiadados, tengan su origen en el uso inteligente de ciertas esencias. Puesto que sabemos la habilidad de los médicos egipcios para momificar a sus muertos, así como también su increíble imaginación para tratar de impedir que nadie pudiera entrar en una tumba y salir vivo, no nos debe extrañar que dominasen perfectamente la influencia de los aromas en los seres vivos.

Los científicos nunca han dado crédito a estas leyendas y siempre las han considerado como alteraciones producidas por la histeria o por el deseo de encontrar en esos mausoleos funerarios cosas que se escapan de la rutina. Pero hoy en día, alejados también de la incredulidad obsesiva de los científicos referente a todo aquello que ellos no conocen, podemos sacar conclusiones mucho más lógicas a «las maldiciones faraónicas».

Sabemos que el aceite de embalsamamiento era una mezcla de esencias de anís, tomillo, orégano y própolis, mezcladas con alquitrán y exudados del propio cuerpo del difunto, quizá sangre y linfa. Pero junto a estos compuestos, hoy día perfectamente conocidos, siempre se han encontrado otros, alcaloides entre ellos, cuya misión en el embalsamamiento nunca estuvo clara y que se pensó que, o bien eran sustancias que habían reaccionado a través de los siglos, o simplemente eran ambientadores. No debemos olvidar que el motivo principal del embalsamamiento era asegurar una vida placentera en el otro mundo y por eso se creyó que podía ser normal hasta encontrar sustancias alucinógenas, las cuales deberían proporcionar un estado anímico muy especial en el momento de la reencarnación.

Los razonamientos eran tan lógicos que nadie pensó en el verdadero motivo que justificara la presencia de estos compuestos aromáticos. Solamente un segundo y más sereno razonamiento podía encontrar la explicación: dentro del sarcófago, e incluso en la cámara funeraria, se pusieron diversos aromas, sabiamente pensados y experimentados con anterioridad con los esclavos, que debían ser inhalados rápidamente por la primera persona, ladrón o arqueólogo, que abriese una tumba faraónica por primera vez. Es más, la esencia debería no solamente matar o desequilibrar al profanador, sino que debía ser tan volátil que una vez cumplida su fatídica misión desapareciera del ambiente. Por tanto, cualquier intento posterior de aclarar la muerte del infeliz estaría condenado al fracaso, ya que la causa ya no existía y así la leyenda podría continuar y servir para atemorizar a los nuevos insensatos. Lo cierto es que la primera parte del propósito se cumplió, pero los insensatos continuaron, y aún continúan, abriendo tumbas, aunque ahora son los taladros con punta de diamante y las sondas con cámara de vídeo los primeros que entran en las tumbas, y a ésos parece que no les afectan los aromas mortales. Con toda su sabiduría, los médicos de la dinastía faraónica no pudieron prever tal avance científico.

Otros perfumes

La historia nos recuerda que los grandes criminales, formando ejército o en solitario, son siempre grandes consumidores de carne, la cual ingieren en cantidad unas horas antes de realizar su acción criminal. Ese olor a sangre les excita y, embriagados por ello, buscan afanosamente una nueva víctima que les aplaque su adicción. La historia de Drácula podría ser el mejor símbolo para explicar las transformaciones que sienten algunos seres humanos ante la presencia y el olor de la sangre, algo que queda explicado en las corridas de toros y la matanza del cerdo.

Ese olor a muerte es percibido de manera mucho más intensa por los animales, y por eso es síntoma inequívoco de desastre el que las ratas abandonen un buque o que los pájaros huyan de una ciudad en guerra. De esta manera podremos comprender por qué un perro, por fuerte que sea, pone el rabo entre las piernas cuando le llevan a un veterinario, aunque sea la primera vez que entra en un lugar así. Su olfato le hace percibir allí la sangre, el dolor y hasta la muerte, y de nada valen los razonamientos o las buenas maneras de sus dueños para que entre.

Desde esos primeros momentos de la historia de los perfumes los avances han sido impresionantes, pero básicamente se siguen utilizando los mismos productos que hace miles de años.

Tal es la importancia de los olores, aunque la clase médica oficial no les considere así, que las grandes compañías de perfumes buscan afanosamente aromas que cambien a las personas y las hagan adictas a un olor en particular. Invierten sumas cuantiosas de dinero en lograr perfumes que nos recuerden la juventud, la fortaleza o la belleza, lo mismo que intentan meter en un frasco de colonia el olor a bosque, madera, limones del Caribe, primavera o noches de luna llena. Lo curioso del caso es que no toda esta propaganda es ficticia, falsa, sino que obedece a una labor sabiamente planificada, ya que los químicos intentan verdaderamente que un perfume huela a algo determinado, algo que nos haga soñar en un mundo idílico.

No es una casualidad que ciertas colonias, como el Chanel núm. 5, sigan siendo las preferidas de varias generaciones y que su aroma embriague por igual a todas las condiciones sociales y culturales. Esas fórmulas que permanecen fuertemente ocultas, son el resultado de la búsqueda de un olor que modifique nuestro comportamiento gracias a su penetración rápida en nuestro cerebro.

Para elaborar un perfume se usan plantas y algunos productos de origen animal, como pueden ser el ámbar o el almizcle.

En esta sección se verán algunos de esos elementos y, relacionándolos con las características mágicas de las plantas, veremos cómo los perfumes, desde el más sencillo al más sofisticado, tienen otras utilidades aparte de la de embriagar nuestros sentidos.

No hablaré de marcas, sino de extractos, ya que cada uno de los perfumes que se comercializan está compuesto de infinidad de flores y esencias.

SUSTANCIAS DE ORIGEN ANIMAL

SUSTANCIA	ORIGEN	UTILIDAD MÁGICA
ALMIZCLE	Secreción del *Moschus Moschatus.*	Atracción, sensualidad, poder de seducción.
ÁMBAR GRIS	Secreción del *Physeter Macrocephalus*	Encantamiento, atracción sexual potente.
ANÍS	Anís verde, *Pimpinela anisum*	Anima cuando el estado de ánimo está bajo. Desarrollo psíquico y espiritual.
AZAHAR	*Citrus Aurantium*	Calma el estado de irritabilidad. Amor.
BENJUÍ		Desarrollo psíquico y espiritual.
BERGAMOTA	*Monardya Dydima*	Proporciona una «envoltura» de atracción.
CANELA	*Cinnamomum zeylanicum*	Es afrodisíaca suave y excitante. Éxito. Desarrollo psíquico y espiritual.
CASIA	*Cassi angustifolia*	Amor (cuasia amarga).

SUSTANCIA	ORIGEN	UTILIDAD MÁGICA
CEDRO		Aporta seguridad y aplomo.
CLAVO	*Eugenia caryophillata*	Pasión. Moderado afrodisíaco. Ayuda contra el agotamiento.
ENELDO	*Anethum graveolens*	Pasión. Ayuda a perder el miedo a las cosas desconocidas.
ESPLIEGO	*Lavandula angustifolia*	Amor. Ayuda en las disputas a mejorar el ambiente y suavizar las relaciones.
HABA TÓNICA		Para atraer el dinero. Suerte. Éxito.
HINOJO	*Foeniculum vulgare*	Pasión (semillas de hinojo). Equilibra las emociones.
JAZMÍN		Ayuda a atrapar los recuerdos y a descifrar los significados ocultos de las cosas.
LAUREL	*Laurus nobilis*	Amor. Protección contra el «mal de ojo».
LIMÓN		Aporta energía extra cuando se requiere.
LIRIO O IRIS	*Iris florentina*	Amor.
MEJORANA	*Origanum mejorana*	Dinero.
MENTA	*Mentha piperita*	Desarrollo psíquico y espiritual.

DICCIONARIO ELEMENTAL
DE PERSONAS
Y ELEMENTOS RELACIONADOS

ABRACADABRA

Deidad de Siria, a cuyo nombre, repetido un número determinado de veces y de cierta manera, se le atribuyen virtudes mágicas para curar la fiebre y otras enfermedades. Después llegaron los magos y la emplearon para explicar la procedencia etérea y misteriosa de sus habilidades, pues en boca de personas normales no surtía efecto alguno, quizá por no estar bendecido por esos mismos dioses. Algunas personas llevaban este nombre escrito en una cinta, en un papel o en la misma piel, y hoy suele usarse como sinónimo de cosa misteriosa y sorprendente por lo ininteligible.

La etimología de esta palabra cabalística es muy incierta, pues unos la hacen provenir del hebreo «ab», padre, «ruah», espíritu, y «dabar», palabra; etimología según la cual abracadabra podría significar la Trinidad, especialmente porque el Hijo también está unido al Verbo.

Por ello otros creen que «dabar» es *verbum*, palabra, y «abraca», *benedixit*, bendijo, el Verbo (lo) bendijo. También hay quien, finalmente, considera esta palabra como compuesta de abrasas, denominación persa de la divinidad, y del hebreo «dabar», palabra, palabra divina, mientras que otros creen que proviene de la repetición del nombre ABRAXAS.

Puede escribirse de varios modos, pero siempre en forma de triángulo:

```
A B R A C A D A B R A
A B R A C A D A B R
A B R A C A D A B
A B R A C A D A
A B R A C A D
A B R A C A
A B R A C
A B R A
A B R
A B
A
```

Trazada de esta manera, la palabra era un eficaz encantamiento contra las fiebres intermitentes, aunque para ello era también preciso que se escribiese en un pergamino cuadrado que el enfermo debía llevar colgado del cuello con un hilo que hubiese cruzado el pergamino. Si el enfermo lo había llevado así durante ocho días, al noveno tenía que ir a un río cuyas aguas corrieran en dirección al Oriente, quitarse el pergamino y arrojarlo hacia atrás sin volver la cabeza.

La creencia en la virtud curativa de ciertas palabras mágicas se remonta a la más oscura antigüedad y ha llegado hasta nuestros días. Esta virtud curativa fue reconocida oficialmente el 13 de octubre de 1654 por el rey de Portugal Juan IV, quien concedió a Prudencio Hernández cuarenta mil reis anuales por las curas hechas por palabras, y para que asistiese al ejército y éste pudiese valerse de él. Sin embargo, otra practicante, en este caso Ana Martín, fue condenada porque curaba bendiciendo, como antes era uso, y aplicando al enfermo, para mayor seguridad, la llamada «reza dos feitico, para servir para toda doença». También usaba esta curandera portuguesa la oración del ángel custodio, por ser muy eficaz para expulsar todos los achaques y aun los espíritus malignos, a los cuales hacía salir del cuerpo de los poseídos por el demonio. En el proceso contra Ana Martín, en 1694, se mostró la llamada oración con que curaba a los enfermos, algo inocuo y estéril.

Palabras mágicas

Es posible que una palabra escrita no posea virtudes especiales para curar a las personas, a menos que la pronuncie una persona determinada en una circunstancia concreta. Ya sabemos, o al menos lo vemos frecuentemente, que no es lo mismo que una plegaria sea efectuada por el Papa que por un sencillo campesino, pues aquél posiblemente se encuentre más cerca de Dios o, posiblemente, disponga de una línea más directa para la comunicación. De cualquier modo, las palabras mágicas tienen su encanto, especialmente esta que ahora analizamos, pues *abracadabra* es ya un clásico en la terminología mágica.

Lo que es posible es que, antes de colgarse escrita al cuello de los enfermos, hubiese revelado sus virtudes con sólo pronunciarla, pues nos encontramos con una combinación de letras que la asemejan a una palabra religiosa, y que, al emplearla como curativo, se refiere a la creencia popular de que hay males o enfermedades que se curan con palabras y oraciones.

No se crean que la magia de las palabras es propia de ignorantes, y piensen en las palabras sencillas que habitualmente expresamos, como «que te mejores», «que lo pases bien» y hasta «que la fuerza te acompañe». Estos buenos deseos indudablemente también deben ser palabras con algo de magia, pues con ellas pretendemos modificar en algo la situación de la persona a la cual le deseamos buenaventuras.

En su *Doctrina de Magia* Conrado de Witerburgo habla de dos clases de palabras usadas por los magos, y cuyas virtudes son maravillas. Entre las primeras podemos citar: Jehová, Jesús, ABRACADABRA y además Sator, Arepo, Tenet, Opera, Rotas. Tan mágicas debían ser las dos primeras que pronto salieron leyes, unas divinas y otras terrenales, para prohibirlas. Si mencionabas a Jehová podías ser lapidado sin mucha demora, aunque con el paso de los tiempos se limitaron a sacar el segundo mandamiento: «No tomarás el nombre de Dios en vano», advirtiendo de nuevo de su uso indebido. Nadie sabe la razón para prohibir mencionar el nombre que los humanos hemos dado al Creador, pero indudablemente tiene que ver con los poderes que otorga esa palabra. Ahora bien, durante los oficios religiosos existe una bula, y es frecuente contabilizar al menos una centena de veces su pronunciación por parte del clérigo, y algunas menos cuando los fieles le responden.

En la segunda clase se encuentran las siguientes: *Nomen Dei et Sanctoe Trinitatis, quod tamen in vanum assumitur, contra acerrimun summi legislatoris interdictum.* Éxodo 20. Como restos de esta antigua creencia en la eficacia medicinal de palabras sagradas, ha llegado hasta nosotros esa multitud de ensalmos y conjuros que los rústicos y pastores aún poseen y que por nada de este mundo quieren descubrir. Quizá, como en protesta del exagerado valor concedido a la palabra escrita, la gente campesina cree que las oraciones y palabras curativas pierden su poder cuando se escriben o comunican. Por ello *abracadabra* ha servido y todavía sirve como contraseña de los iniciados en algunas sociedades secretas, pero sin ningún sentido especial.

ABRAXAS

Piedras en que se halla grabada esta palabra, la cual, según Bellerman (autor de: *Investigaciones sobre las piedras abraxas de los antiguos*, Berlín 1817), procede de las voces egipcias *abrak* y *sax*, que significan palabras santas, nombre bendito. Según otros estudios, *abraxas* viene del persa, o mejor dicho del pelvi (lengua irania o persa media, particularmente en la época sasánida), e indica el sistema de numeración en su primitiva forma. Los gnósticos y los alquimistas encontraron en ella el número 365, que es igual al de los días que componen el año gregoriano, y representaba la manifestación exterior de Dios en el mundo. Según los griegos, las piedras abraxas, además de esta palabra, representan diversas figuras fantásticas, como cabezas de león, de elefante, de serpiente, y algunas tienen también las letras *a* y *o*, o la palabra *ian*, que designa la divinidad. Estas piedras abundan en los museos de antigüedades, siendo probable que muchas de ellas hallan sido fabricadas en la Edad Media para servir de amuletos o para emplearlas en operaciones de magia.

AGNUSDÉI (del latín, cordero de Dios)

Objeto de devoción muy venerado, que consiste en una lámina gruesa de cera en que se halla estampada la imagen del cordero o de algún santo, y que bendice y consagra el Papa durante ciertas ceremonias, por lo regular de siete en siete años. El primer significado de esta palabra es el que le dio San Juan Bautista al mismo Jesucristo y que es: «*Respiciens Jesum dixit = Ece Agnus Dei*» (Evangelio de San Juan, capítulo 1, versículos 29 y 36). En otro significado, se da este nombre a unos panecitos de cera que bendice el Papa el día de sábado santo, cada siete años, después de la consagración, pues en cada uno de ellos está grabada en relieve la figura de un cordero con el estandarte de la Santa Cruz. El origen de este rito se remonta al siglo IV.

En la *Dominica in albis*, terminado el bautismo de los neófitos, se distribuían los trozos del cirio pascual al clero y a los fieles. Más adelante se introdujo para que, una vez bendecido y ungido con el óleo santo, los trozos, con figuras de corderitos, moldeados por los acólitos, se repartieron a los fieles. De Roma pasó esta costumbre a otras iglesias y parece ser que la época en que se comenzaron a bendecir por el Papa se fija hacia el siglo VI, y se cita como primera vez como un regalo de San Gregorio Magno a Teodolinda, reina de los lombardos.

Se le atribuían varias virtudes, casi las mismas que a los ramos benditos, el agua bendita o el toque de campanas, pues debía servir para alejar las tormentas, aliviar en los partos, alejar tentaciones y al tentador maligno, lo mismo que para preservar de naufragios inundaciones e incendios. Están contenidos en unos versos asonantados, leoninos, algunos de ellos que fueron remitidos por el Papa Urbano V al emperador Paleólogo. La bendición en cada septenio la hace solemnemente el Papa el sábado *in albis*, echándolos en agua bendita, bendiciéndolos luego y ungiéndolos con crisma, el aceite para confirmar y bautizar. Al presentárselos al subdiácono después del *Agnus Dei*, se repite tres veces la siguiente deprecación (súplica) que indica su significación mística: *Domine, domine, isti sunt Agni novelli, qui annuntiaverunt alleluia: Modo modo veniunt ad fontes, repleti sunt charitate: alleluia.*

BES

Dios que aparece en el panteón egipcio, pero que traía origen extranjero, pues posiblemente procedía de Arabia. *El Libro de los Muertos* lo identifica como Set, el espíritu del mal, y sin duda por esa significación aparece representado en los cipos (pilastras erigidas en memoria de los muertos) de Horus, símbolo del bien. En algunos monumentos de épocas muy antiguas que representan a Horus, le vemos pisando con sus pies las monstruosas personificaciones del mal, ya sean los cocodrilos, el escorpión o las serpientes.

Suele aparecer la cabeza deforme de Bes, sin duda como emblema de la fuerza destructora de la naturaleza en oposición a la eterna juventud del dios niño. Sus imágenes abundan bien como elemento simbólico ornamental, bien en los amuletos o en los recipientes de barro cocido y esmaltado. Le presentan siempre como la figura de un hombre de vientre abultado, piernas cortas y las manos apoyadas por lo común en las rodillas. El rostro, con expresión de chivo que recuerda a los sátiros griegos, es de pómulos salientes, nariz aplastada y ancha, boca abierta con la lengua de afuera, abultadas cejas y, partiendo de la frente, dos cuernos de macho cabrío, llevando igualmente una corona de plumas de ansar (ave palmípeda) erguidas. Por su expresión se le ha comparado al tipo arcaico de la Gorgona (deidad maligna) alada, y también a la forma femenina del dios indio Siva. Suele vestir una piel de leopardo y a veces la vemos como dios de la danza bailando de una forma grotesca. Con estas características es muy frecuente su imagen en los objetos usados por las damas egipcias.

BOHITI

Médicos y sacerdotes de la isla de Haití en la época precolombina, miembros de los bohiti, una tribu que conocía y utilizaba las propiedades ciertas o supuestas de muchas plantas, se presentaban ante el enfermo ocultando en la boca huesos, piedras u otros objetos, y después de repetidos ademanes, gestos raros y otras ceremonias, después de chupar o frotar al enfermo de pies a cabeza, le hacían creer que le habían extraído del cuerpo el hueso o piedra que llevaban en la boca, diciéndole: «He aquí lo que te hacía sufrir: puedes dar por concluidos tus padecimientos.»

Ciertamente este sistema, tan poco ortodoxo que es difícil creer en él, es una prueba del poder curativo que una mente entusiasta puede tener para curar el cuerpo, lo que constituye la mejor de las medicinas. Estas piedras y objetos eran para los haitianos preciosas reliquias, a las que atribuían el poder de facilitar los alumbramientos, aumentar la fertilidad de la tierra y disponer de los elementos. En las ocasiones solemnes, cuando consultaban a la divinidad en algún asunto grave, los bohitis se reunían con los caciques en sus templos, grandes casas consagradas a los cemíes, espíritus que dictaban o ejecutaban las órdenes celestiales. Pudiera ser que el sacerdote bohiti aspirase por la nariz polvo o humo de sustancias alucinógenas, y así, trastornados los sentidos, se caía al suelo en estado de éxtasis. Repuesto posteriormente, se incorporaba, permaneciendo un buen rato con la cabeza baja y las mano en las rodillas, meditando o reponiéndose. De repente salía de su estupor, alzaba los ojos al cielo y pronunciaba frases incomprensibles, pero que posiblemente tuvieran el mismo propósito que los mantras hindús. Se levantaba entonces con majestad y decía lo que los cemíes le habían comunicado. La muchedumbre, que impaciente aguardaba en la puerta, tenía así conocimiento de la voluntad celeste y modificaba su comportamiento, tal como haría hoy en día un entusiasta psicoanalista.

CARTELA (cartela egipcia)

Este emblema tiene la forma de un rectángulo con los ángulos redondeados o adornados, un sello que tiene carácter jeroglífico de renovación y de eternidad. Los faraones, ansiosos de la inmortalidad (en realidad todos tenemos esa misma preocupación), escogieron el sello para escribir su nombre propio. Algunos historiadores creyeron ver en este símbolo egipcio la imagen de la serpiente mordiéndose la cola, que es otro emblema de la eternidad.

Se distinguen dos clases de cartela: la primera es la que contiene el prenombre que expresa siempre una asimilación del rey Sol, el nombre divino al cual precede la expresión jeroglífica «Rey del Mediodía y del Norte», que se refiere a la división del universo en parte austral y parte boreal, a las cuales vivifica igualmente con sus rayos. La segunda cartela es la que contiene el nombre propio precedido de la expresión «Hijo del Sol», que envuelve la idea de la asimilación del rey al dios Orus, soberano de la Tierra. Esta doble cartela, cuyo empleo data de la quinta dinastía, respondía a la idea de que todo faraón era un verdadero dios que había descendido entre los hombres, puesto que el dios egipcio estaba dotado de la facultad de engendrar en sí mismo, de ser padre e hijo a la vez.

CATACUMBAS

Estas cavidades subterráneas en las cuales se daba sepultura a los muertos, presentes en numerosas civilizaciones, fueron especialmente importantes gracias a los egipcios, quienes abrieron en las faldas de las montañas gran cantidad de ellas, a las que llamaron «hipogeos». Italia es otro país en el cual abundan más, siendo las de Siracusa casi una ciudad subterránea con sus calles y plazas, a las que denominaban como cementerio o grutas de San Juan. Las formas de estas inmensas excavaciones son mayores que las de Roma y se cree que pertenecen a época anterior a la conquista de Sicilia por los romanos, y que su uso pasó luego de los paganos a los cristianos.

Pero las más notables y célebres son las catacumbas de Roma, cuyo origen tanto debaten los arqueólogos, pues mientras para unos son sencillamente canteras que los cristianos utilizaron para sepultar a sus mártires, para otros son galerías abiertas exclusivamente para refugiarse en la época de la persecución, celebrar sus ritos y enterrar los muertos. Estas excavaciones no son similares a aquellas que han servido de canteras, pues éstas no tenían otro objeto que la extracción de la arena volcánica que con tanta abundancia produce el suelo de toda la campiña de Roma. Denominadas como arenarios, eran más anchas que las catacumbas, y sus bóvedas, de grandes luces, se desplomaban con facilidad.

Las verdaderas catacumbas presentan corredores estrechos ejecutados de una manera económica y sólida, ocupando en Roma una extensión considerable en una zona de dos o tres kilómetros alrededor de la ciudad, y multiplicando esa extensión por la cantidad de galerías abiertas en diferentes pisos. Se ha calculado que en un área cuadrada de ciento veinticinco pies romanos de lado no hay menos de setecientos a ochocientos metros de galería, ascendiendo el total de líneas de excavación a unos quinientos ochenta kilómetros. Antes se creía que todas estaban ligadas entre sí formando una red; pero las condiciones geológicas e hidráulicas del suelo desmienten tal aseveración, y han impuesto límites a las necrópolis subterráneas, que permanecen en grupos separados, de los cuales se pueden contar hasta cuarenta y seis.

En su decoración interna, cuando la hay, pues es muy escueta, se hallan temas escogidos del Antiguo y Nuevo Testamento, y no solamente asuntos históricos, sino también simbólicos, pues se ve con frecuencia figuras paganas apropiadas al cristianismo. Además del cementerio de San Calixto, existen las catacumbas de Flavia Domitila, las de Santa Priscila y las de Ostriensis, estas últimas las mayores de todas, las cuales tienen entre sus galerías una pequeña basílica en tres compartimientos: uno para el obispo y diáconos, otro para los fieles y el tercero para los catecúmenos.

La práctica seguida por los cristianos de utilizar las catacumbas para la celebración de sus ritos y enterramiento de sus muertos, fue en realidad una continuación de costumbres anteriores.

CEMÍES

Se trata de espíritus mitológicos adorados en la época precolombina por los habitantes de Haití y otras Antillas.

Los cemíes dictaban y ejecutaban las órdenes del dios celeste «numen», a quien se rendía exclusivamente culto, y de ellos mismos se esperaba la lluvia para los sedientos campos, la posible suerte de los que nacían, así como la paz y el descanso para los oprimidos pueblos.

Se les representaba generalmente bajo las feas y espantables formas que los cristianos acostumbraban a dar al diablo. La diferencia con otras creencias es que ahora los haitianos llevaban su emblema en el hogar y en el trabajo, y con no poca frecuencia al cuello; incluso cuando salían para la guerra, los guerreros se los ataban a la frente para que les sirvieran de escudo y de amuleto.

También los grababan en sus joyas, los colocaban en todos los lugares donde tuviesen interés en recordarlos, y a cada momento les hacían ofrendas, les dirigían ruegos, súplicas, les pedían cuanto necesitaban o pudiese contribuir a su más agradable vida, y les interrogaban en los templos. Indudablemente, estas civilizaciones habían llegado a una conclusión práctica: no solamente había que adorar al dios bueno, sino que su opositor, el diablo, era alguien a quien tener en cuenta.

Los cemíes contestaban por intermedio de los «bohitis» (símbolos o manifestaciones), pero a veces hablaban directamente al pueblo. Elaboraban sus imágenes huecas para comunicarse con ellas desde lugares lejanos mediante tubos escondidos entre ramas y flores en lugares apartados del templo. Desde allí los caciques dictaban sus órdenes, o daban los consejos que les convenían, aunque también usaban este medio siempre que se proponían exigirle al pueblo algo que no estuviese dispuesto a realizar de buen grado. Indudablemente, no era lo mismo exigirles el pago de nuevos impuestos en una asamblea de vecinos que hacerlo por boca del mismísimo dios o demonio; en este último caso no había quien se negara a ello.

Habían aprendido a emplear la religión como instrumento, y cuando, con gran pena, vieron descubierta su superchería por los soldados de Cristóbal Colón, les suplicaron con gran ahínco que no las desenmascarasen a sus vasallos. Esto nos puede parecer reprobable, pero no hay demasiadas diferencias con nuestra sociedad actual, pues mientras unos dicen que Dios o Alá es quien dicta las leyes, otros nos hablan empleando las palabras mágicas de igualdad, libertad y fraternidad. En esencia, de lo que se trataba antes y ahora es conseguir que los ciudadanos realicen de buen grado actos en contra de sus deseos.

No todos los cemíes se hallaban compuestos de la misma sustancia, pues los había de piedra, de barro, de madera, de oro, de algodón y de yuca. Los hacían los haitianos de una u otra materia, según las señales divinas que habían tenido al verlos en los peñascos, en las tierras blandas, en los bosques, en las minas de oro, en algodonales o en yucatales. Por ello no todos los cemíes eran igualmente poderosos. Unos tenían en sus manos la luz y las tinieblas; otros las tempestades y la calma; algunos la salud y la peste; varios la paz y la guerra, la vida y la muerte. También había espíritus o genios de la selvas; otros que habitaban los campos o el mar o las montañas, y no había pueblo, cacique ni familia que no creyera tener los mejores cemíes, aunque ello no le evitaba mirar con desdén los ajenos.

De algunos cemíes contaban los haitianos verdaderas maravillas. Aseguraban, por ejemplo, que el cacique Guamarete, en la azotea de su casa, tenía atado y sujeto uno, llamado Corocoto, quien con mucha frecuencia rompía las ligaduras y bajaba a tener relaciones íntimas con las mujeres del pueblo. Nadie sabía quién era en realidad este humano que usurpaba a un cemíe y ante el temor de provocar su ira ni siquiera vigilaban entre bastidores cuando realizaba el acto carnal con sus mujeres.

Los hijos del cemí, según los haitianos, se distinguían de los demás niños en que nacían con dos coronas en la cabeza. La leyenda dice que, una vez vencido Guamarete y desbastada su corte, Corocoto escapó ileso y apareció a más de cuatrocientos metros de distancia. También se contaban historias de otro cemí, llamado Epileguanita, que abandonaba muchas veces su sitio en los altares para marcharse a los bosques cercanos. Al notar la falta, sus adoradores iban a buscarle, no sin recitar piadosas oraciones, y cuando le encontraban le volvían a llevar en hombros hasta el templo.

Hay quien asegura que existía un cemí hembra que tenía otros dos númenes (dioses) a sus órdenes y que cuando se irritaba con sus fieles, porque no le rendían el debido culto, enviaba uno de sus servidores a los demás cemíes para que cubrieran de nubes el horizonte y soltaran los vientos. Si su cólera no se calmaba con ello, delegaba a otro para que recogiera las aguas y bajasen torrencialmente de los altos montes, lanzándolas sobre los valles como un impetuoso torrente, arrasando los campos.

CILINDROS ORIENTALES

Los cilindros grabados recogidos por los exploradores de la Mesopotamia, eran los sellos que empleaban para firmar los caldeos y los babilonios, quienes, para tenerlos siempre a mano, los llevaban consigo pendientes de un cordón, algo que llamó mucho la atención de Herodoto. Este historiador griego, nacido en el año 485 a.C. en Halicarnaso (Bodrum, Turquía), es conocido como el padre de la historia y se cree que estuvo exiliado hacia el año 457 a.C. por conspirar contra Persia.

En el momento actual se conocen unos tres mil doscientos cilindros, que se encuentran distribuidos en el Museo Británico, la Biblioteca Nacional de París, el Louvre y unos quinientos en colecciones particulares. Originalmente son pedazos de roca arrastrados por las corrientes de las aguas y que con el transcurso de los tiempos adquirieron forma cilíndrica. Luego fueron perfeccionados por los hombres, a quienes la viveza de su color, su grano de tonos blancos, negros, rojos o azules, y su transparencia, les motivaron a recogerlos para hacer con ellos adornos, a los que los orientales cogieron gran aprecio. A fin de utilizar estas pequeñas piedras, las grababan, poniendo la imagen de un dios o su símbolo, con lo cual terminaban convertidas en un talismán. Así, cuando un caldeo o un babilonio sellaba con su cilindro, en realidad estaba poniendo como testigo a la divinidad, lo que garantizaba así la firma.

La piedra por sí misma ya tenía carácter talismánico, pues se le atribuían virtudes mágicas a cada una, y cada caldeo poseía sus propios poderes que le distinguían de los otros, representando también la voluntad y carácter de la persona poseedora. Por desgracia, estos amuletos eran también elitistas, pues la gente pobre se contentaba con estampar sobre la arcilla húmeda la huella de la uña, algo que aún hoy podemos ver en numerosos ladrillos escritos que contienen contratos.

Las piedrecitas recogidas en los ríos tienen por lo común forma ovoide, aunque muchas han terminado por ser cilíndricas a causa del desgaste, y de aquí el nombre con que las designan los arqueólogos. Están los cilindros taladrados por su eje, y los pocos que no lo están se supone que son piezas sin acabar. Dicho taladro, indudablemente, tuvo sólo como fin poder suspender el cilindro para llevarle, pues para estampar sobre la arcilla húmeda la imagen o la inscripción era necesario poner a éste una montura de metal, tal como hoy les ponen los arqueólogos para estampar sus inscripciones y poderlas leer. De este modo se obtiene sobre una superficie el desarrollo completo del grabado del cilindro. Los antiguos caldeos debieron desconocer este sistema, pues en los ladrillos solamente se ve impresa una parte pequeña del cilindro, la que contenía el nombre, y sólo por medio de varias estampaciones aparece en algunos ladrillos todo o casi todo el grabado de un cilindro. Únicamente se conoce un ladrillo que ha sido estampado de una vez todo el grabado, el descubierto por Layard en Koyundjik. El taladro en cuestión sólo serviría quizá para pasar un cordoncito, aunque es interesante resaltar que en algunos cilindros se han encontrado restos de monturas cilíndricas, consistentes en un trozo de hierro que lleva por un lado un asa y por el opuesto está remachado.

La circunstancia de haberse encontrado cilindros caldeos junto al hueso de la muñeca de algunos cadáveres, ha inducido a creer que, en cierta época, debieron llevar el cilindro suspendido de la muñeca. Los asirios no debieron adoptar esa moda, pues no se ven aparentemente cilindros en los bajorrelieves que tan minuciosos son en los detalles de adorno indumentario, y ello induce a pensar que debían llevarlos colgados del cuello y escondidos entre las ropas para mayor seguridad.

Las piedras escogidas para los cilindros en el Primer Imperio Caldeo son el pórfido, el basalto, los mármoles ferruginosos, la serpentina, la sienita y la hematites, empleado esta última para pulir metales. A finales de ese período histórico se buscaron materias más duras, como los jaspes (cuarzo duro), las diferentes especies de ágatas, ónices, calcedonias, cristales de roca, granates, etc., materias que exigían el empleo de un polvillo sacado de un cuerpo más duro que facilitara el manejo del punzón. Pudiera ser que dicho polvo fuera de esmeril, algo que suministraban en abundancia las islas del archipiélago, de donde lo recogían los fenicios.

Las figuras de los cilindros más antiguos parecen esqueletos, o en ocasiones son como esbozos o trazos sumarios de la figura humana, con lo cual se reconocen muy bien las dificultades que entonces ofrecía aún el procedimiento. Por el contrario, son verdaderos modelos de habilidad técnica los grabados en piedras finas de Mesopotamia hechos en el siglo VII a.C.

En cuanto a los asuntos representados en los cilindros, son casi siempre los mismos. Los caldeos ponían una escena de adoración a los dioses Anu o Samas, o a la diosa

Istar, a los cuales renovaban su piedad y su fe mediante la impresión del sello sobre cualquier documento. Otras veces se ve a una divinidad luchando con un toro o animal fantástico, y hasta se ha creído ver la representación de un sacrificio humano. Los cilindros asirios ofrecen análogas escenas de adoración, en las que el oferente suele ser un rey que está delante de un altar. Uno de los cilindros más reconocidos es el que lleva el nombre de Ursana, rey de Musair, adversario de Sargón, que figura en la colección del Gabinete de la Haya.

La mayor parte de los cilindros de procedencia asiria son de piedra fina, calcedonia u ónice, y en ellos se hallan símbolos que no existen en los de la Caldea primitiva, entre ellos el árbol sagrado, el globo alado, los genios con cabeza de águila, etc. Pero no todos los cilindros caldeos y asirios llevan inscripciones, aunque éstas son, sin embargo, muy frecuentes. Las inscripciones están trazadas en caracteres cuneiformes y ocupan registros verticales o aparecen en líneas horizontales entre las figuras.

Después de la caída de Nínive, durante el Segundo Imperio Caldeo, persistió el uso de los cilindros, pero los de esta época ofrecen poca variedad, siendo el tema más corriente la figura de un hombre en pie ante dos altares, uno sustentando el disco solar y otro la Luna. Estos cilindros no suelen llevar inscripciones, aunque existen algunas excepciones entre ellos. También hay cilindros fenicios, algunos con figuras de divinidades egipcias e inscripciones en caracteres cuneiformes, mientras que otros los vemos con imágenes asirias e inscripciones en caracteres fenicios. Los primeros se tienen por falsificaciones, y los segundos por cilindros asirios o persas en que los fenicios hacían grabar sus nombres. En Chipre también se han descubierto cilindros, pero son de peor calidad, aunque contienen igualmente figuras y adornos.

CINOCÉFALOS

Géneros de monos catirrinos, de la familia de los cinocefálidos, que se caracterizan por tener un hocico muy alargado y cola terminada en un mechón de pelo. Son los monos mayores después de los orangutanes y habitan en África y las regiones de Asia cercanas a aquélla, en la zona de las altas montañas.

Este mono ha sido consagrado a Tot en la mitología egipcia; especialmente, a Tot Lunos. Su imagen aparece frecuentemente en los monumentos de Egipto y el Museo del Louvre posee una figura de un cinocéfalo sentado, sosteniendo el ojo simbólico, emblema de la Luna llena. Una estatua del mismo museo, representando a un súbdito de Ramsés II, tiene una nave en la que hay un cinocéfalo llevando sobre la cabeza el disco lunar. También aparece el cinocéfalo sirviendo de contrapeso a la balanza en que Tot, el Señor de la Verdad, y Horus pesan las almas en el Amenti, ante el tribunal de Osiris, lo que indica que el cinocéfalo, en este caso, significa el equilibrio. Los cinocéfalos estaban consagrados a la adoración del Sol de Levante, y con esta significación figura en los templos y se encuentran esculpidos en la base del obelisco de Luxor, que hoy se halla en la plaza de la Concordia en París y que son quizá las mejores imágenes de ese animal sagrado.

CONSTANTINO (Constantino 1 el Grande). Emperador romano (306-337)

Se convirtió en dueño de todo Occidente merced a su victoria sobre Magencio (312), y después de todo el Imperio gracias a su victoria sobre Licinio (325). Por el Edicto de Milán (313), autorizó el libre ejercicio del cristianismo, que pronto se convertiría en una de las principales religiones del Imperio. En el año 325 convocó el Concilio de Nicea, el primer concilio ecuménico. Fue el fundador de Constantinopla y realmente unificó un imperio tambaleante, reorganizó el Estado romano y preparó el terreno para la victoria final del cristianismo a finales del siglo IV. Muchos historiadores modernos aceptan la sinceridad de su convicción religiosa, aunque pudiera ser que su conversión fuera gradual y en un principio es probable que asociara a Cristo con el victorioso dios solar. Una vez realizado el Concilio de Nicea en el 325, fue un cristiano convencido, aunque aún toleró el paganismo entre sus súbditos.

ÉGIDAS (del griego aiyis, escudo o coraza)

Pequeños objetos que ordinariamente son de bronce y que se componen de un collar o esclavina semicircular, usekh, más o menos adornado, y de una cabeza de diosa, Maut, Hator, Seket, Bast, etc. Estas égidas tienen un mango, sobre el que se ven grabadas algunas representaciones religiosas, pudiendo ser de plata, oro y cornalina, empleándose en Egipto como pendientes.

Elaboradas con la piel de la cabra Amaltea, adornada con la cabeza de Medusa, atributo con que se representa a Júpiter y a Minerva, la égida solía servir a manera de escudo.

ÉLITROS (del griego elytron, estuche)

Cada una de las dos córneas que cubren las alas anteriores de los coleópteros y ortópteros, y protegen el par de alas posteriores. Habitualmente se han endurecido y quedado convertidas en gruesas láminas córneas, que se yuxtaponen por su borde interno y protegen el par de alas posteriores que son las únicas aptas para el vuelo.

ESCARABAJO

Entre la numerosa y variada serie de amuletos y adornos exhumados de las tumbas egipcias, encontrados muchos de ellos en las mismas momias, se distinguen las figuras de los escarabajos. Los hay de todos los tamaños y formas, así como de toda clase de materiales, siendo los más numerosos los de arcilla esmaltada de color azul verdoso, o de piedra también esmaltada. Normalmente son de forma semiovoide, tal como son los escarabajos reales. El hieratismo egipcio representó al escarabajo de un modo decorativo y por ello nos lo muestra con las patas plegadas bajo el caparazón y encima de una plancha de forma oval del mismo tamaño que el perfil exterior del insecto. Hay algunos, muy pocos, que llevan élitros, alas. En la cara inferior de dicha plancha llevan grabadas inscripciones jeroglíficas que suelen consistir en nombres de reyes, expresiones místicas y oraciones en los de mayor tamaño, que no siempre son de fácil comprensión, pero que dan importancia a los escarabajos. Suelen estar horadados en el sentido de su eje mayor, a fin de poderles engarzar, como lo hacían los egipcios, para formar collares que ponían a las momias.

Los miembros de la dinastía XI llevaban casi siempre un escarabajo de piedra preciosa puesta como sortija en la mano izquierda. En Menfis, concretamente en las tumbas correspondientes a las dinastías XIX a la XXI, se encuentran grandes escarabajos de piedras duras, los cuales fueron colocados dentro del cuerpo mismo de la momia. Éstos son los escarabajos llamados funerarios, que tan frecuentemente se encuentran en las momias de gente pobre del tiempo de los Ptolomeos y que frecuentemente iban revestidos con unas planchitas de bronce en la forma del jeroglífico del corazón.

Estos amuletos exigen una explicación en cuanto al significado que tenían, aunque esto nos obliga a que demos alguna referencia del escarabajo desde el punto de vista religioso. Para esas gentes el escarabajo simbolizaba la gran ley de la transformación emprendida por los sabios del antiguo Egipto, en la cual veían su razón para negar la muerte. En el Panteón egipcio, donde los dioses puede decirse que eran verdaderos jeroglíficos del simbolismo religioso, el escarabajo era mencionado como Khopirru, Khopri o Khopreu, lo que se podría traducir como cambiar. Ello nos indica que su creencia era firme en cuanto a la continua renovación de la existencia, siendo por consiguiente el emblema de la vida humana y de las transformaciones sucesivas del alma en el otro mundo.

Por todo esto, sin duda, el escarabajo era el amuleto más corriente para los egipcios, o al menos eso demuestra la extraordinaria abundancia de sus representaciones en las tumbas. Como amuleto debería representar al gran escarabajo, símbolo del corazón, con que se reemplazaba el propio corazón de los muertos, y que lleva grabada en su base una fórmula mágica extraída de los capítulos XXX y LXIV del *Libro de los Muertos*, que dice así:

«¡Oh corazón mío que me vino de mi madre, corazón mío, de cuando yo estaba en la tierra, no te alces contra mí, no depongas testimonio del enemigo contra mí ante los jefes divinos; no me abandones ante el dios Grande Señor del Occidente! Salud a ti, corazón de Osiris, que das fe en el Occidente; salud a vosotras, vísceras divinas; salud a vosotros, dioses de barba trenzada, poderosos por vuestro cetro; hablad en bien del muerto y alcanzad que prospere por mediación de Nahtkou.»

En el juicio final el corazón era colocado en una balanza y su testimonio decidía la suerte del hombre. Esta fórmula tenía por objeto obligarle a que no dijera ante los dioses más que aquello que redundase en bien del muerto, y que callase las malas acciones. Para mayor eficacia de estos escarabajos funerarios se grababan en ellos, además de la antedicha plegaria, representaciones divinas, las cuales iban en las alas y en el caparazón de algunos escarabajos, según vemos en el disco solar adorados por dos cinocéfalos: las imágenes de Ammón en la barca solar y Osiris momia protegido por las alas de Isis y Neftis.

Estos escarabajos para sustituir al corazón de la momia no se construían especialmente, si no que se compraban ya hechos a los comerciantes. El escarabajo como emblema divino representaba a Khopri, el Sol del atardecer, el Sol de la mañana (Khopru), que renace, después de morir todos los días. Por esto representaban el disco solar en los escarabajos, poniéndole en una barca para recibir las plegarias de Isis y de Neftis, que le protegían de todo peligro durante la noche.

La misma escena de adoración es cuando el amuleto empleado tiene los pectorales decorados. El escarabajo en este caso aparece aislado sobre la barca, entre Isis y Neftis, y los pectorales tenían la virtud de poner al muerto bajo la protección de las divinidades representadas e identificarle con el Sol de la mañana. Estos amuletos solían estar elaborados de otra materia distinta a los demás adornos.

Todo ello confirma la idea apuntada de que el escarabajo era, ante todo, un símbolo místico de la vida, aunque los pequeños acabaron por ser simplemente joyas o bisutería, sin verdadero valor religioso. Mientras que para los cristianos la cruz tiene igual valor, sea cual sea su tamaño, ello no ocurre con los escarabajos.

Con el tiempo y una vez desposeído de su primera significación, la industria le aplicó para otros fines diversos, entre ellos como piedra para sortijas, adorno de pendiente, cuenta de collar, etc. Los signos grabados en su base ahora son simples combinaciones de líneas, entrelazados que carecen de significación precisa, o bien símbolos a los que el propietario del amuleto les quiere dar un sentido de misterio que nada más que él acepta y comprende. También puede tener, o bien el nombre y los títulos de un individuo, o bien sentencias piadosas o fórmulas mágicas.

Es frecuente en los escarabajos de todas las épocas incluir frases de Menkhopirri, grabadas en honor del faraón Tutmos III, que eran frases de buen augurio, cuyos tres signos expresan uno de los dogmas fundamentales de la ortodoxia egipcia: «Durable es para siempre la renovación de Ra.»

Los escarabajos más antiguos generalmente no estaban esmaltados, y llevan una serie de roleos (forma de caracol) alrededor del nombre o de los signos que contienen. La mayor parte de los escarabajos de las dinastías XI y XII son de amatista, mientras que aquellos que están cubiertos con barniz verde fueron muy frecuentes desde la dinastía XII, y los de barniz desde la dinastía XIII. En la época de la dominación griega la fabricación de escarabajos falsos tuvo un considerable desarrollo y adquirió un grado asombroso de perfección. El trabajo de estos escarabajos es muy bueno, y sus materiales de gran calidad, siendo muchos de ellos verdaderas obras de arte en las que todos los detalles del insecto están admirablemente tratados. El escarabajo también se ve representado con simbolismo en los bajorrelieves y pinturas, y también se le ve formando el adorno central de las vestiduras de las momias hechas de mallas formadas por canutillos, pero en todos estos casos los escarabajos aparecen con las alas extendidas representando al sol y un buitre simbólico, algo que es muy frecuente en la decoración de los monumentos. En los escarabajos pintados las patas están extendidas, pues siempre se les representa vistos por encima.

FALO

Las ideas de generación y de reproducción aparecen simbolizadas por el falo, pene, en todas las mitologías, y la imagen de este símbolo fue multiplicada como motivo de culto en la mayor parte de los pueblos de la antigüedad. No hay que ver, por consiguiente, en esta clase de representaciones que hoy abundan en las colecciones de los museos, objetos puramente pornográficos, y sí, por el contrario, objetos hechos para mantener la fe y el culto a ciertas divinidades. Ciertamente, para los movimientos feministas la adoración al falo es síntoma de sexismo, pero de ser así deberíamos considerar como igualmente reprobable el culto a la maternidad.

Lo cierto es que representar y cuidar esa parte de la anatomía masculina no debe ser considerado ni siquiera obsceno, mucho menos hacerlo clandestinamente, sino como un símbolo religioso que mostraba la consideración a la forma con la cual la naturaleza humana se perpetúa. Las ideas en sí mismas nunca representaban nada licencioso, y es el mal uso de ellas lo que lleva a actos malintencionados. No es peor el comunismo que el fascismo y ni siquiera en el término medio está el equilibrio y la virtud. La Madre Naturaleza nos indica que el blanco es igual de bueno que el negro, y que la noche es tan necesaria como el día.

Es verdad que no siempre se han usado estos símbolos con un fin puramente religioso, ni tan «natural» como el que describo, pues al abrigo de ello se han efectuado no pocos abusos contra las personas. Algunos dicen que la decadencia romana empezó cuando en su religión comenzaron torpemente a adorar el falo como el atributo supremo del hombre, pero debemos recordar que siempre ha existido cierta adoración a esta parte de la anatomía del varón y no por ello los pueblos han caído en desgracia.

El falo no solamente figuró como símbolo de las ceremonias sagradas de los pueblos de la antigüedad sino que también fue usado por gentes supersticiosas, prácticamente la mayoría de las personas en la antigüedad. Su uso como amuleto fue frecuente, pues se creía que era un excelente conjuro contra la hechicería y el mal de ojo. Las mujeres romanas acostumbraban a llevar pequeños falos de bronce suspendidos de sus collares y de Pompeya y de Herculano se han extraído cierta cantidad de falos de bronce provistos de una anilla para poderlos suspender como amuletos. Algunos tenían las formas más caprichosas, y les vemos simulando un caballo Pegaso, así como llevando alas o patas. En uno de estos falos en forma de caballo va montado un muchacho que intenta poner una corona en el extremo. Otros falos simulan ser un perro o un león y los hay también de ave y de carnero.

Algunos figuran como elemento natural en una figura de varón, que suele ser la de Mercurio; mientras que otros, como el de Mercurio, se nos muestran con alas y otros tienen como adorno unas campanillas pendientes de cadenitas. Los más audaces tienen figura de media luna, uno de cuyos extremos simula un falo y el otro una mano haciendo la figura del mismo, y llevan además en el centro, y algunas veces de relieve a los lados, otros falos. Sin embargo, no son menos curiosos que los amuletos fálicos representados en las imágenes de Hermes y de Príapo, con el falo generalmente de bronce y pequeño (?), que también se encuentra en los museos. Sobre el aspecto del tamaño ya sabemos que no hay forma de ponerse de acuerdo, pero lo que observamos es que habitualmente se le muestra en estado de relajación total y pocas veces, salvo en pinturas, se le puede ver en estado de erección. Todo el mundo sabe que este órgano viril tiene dos funciones básicas, procrear y servir como emisor de orina, y que para la primera opción debe estar razonablemente erecto, pero por razones extrañas la mayoría de las estatuas nos lo muestran plenamente relajado.

En Pompeya, además, se han encontrado algunas columnas fálicas de piedra, que también pudiéramos llamar guardacantones, aunque posiblemente se trate de simples columnas que alguien ha querido, en un alarde de imaginación, ver en ellas el símbolo varonil. No les extrañe esta postura, pues hoy en día es frecuente que ocurran cosas similares, especialmente con las farolas que alumbran nuestras calles. En Pompeya, que para los moralistas era algo similar a Sodoma y Gomorra, vemos numerosas representaciones fálicas en las puertas de las tiendas, algunas al lado de relieves con la inscripción «Hic habitat felicitas». Al menos eso se muestra en la puerta de una panadería en Pompeya, que hoy está en el Museo de Nápoles.

A pesar de que la Iglesia anatematizó el empleo de los amuletos fálicos (hecho curioso si tenemos en cuenta que la mayoría de sus representantes son varones), o sea el *fascinius*, mediante los estatutos sinodales de Mans en

1247 y por los de Tours en 1396, en aquellos tiempos aún se usaba en el exterior de los edificios como amuleto para preservar de los maleficios. Por estas y otras razones el uso de dicho amuleto ha seguido y aún sigue en alguna localidad de Italia, donde se acostumbra a colgárselo al cuello a los niños. Como se ve, el culto al falo ha sido común a todos los pueblos, siendo su lugar más destacado la India, donde figura también en el símbolo conocido con el nombre de Lingan, y en la América precolombina fue adorado en los templos y usado como amuleto.

FILACTERIA

Amuleto hecho en pedazo de piel o pergamino, en que estaban escritos algunos pasajes bíblicos, el cual, colocado en una caja o bolsa, llevaban los judíos atado al brazo izquierdo o a la frente. También, cada una de las dos pequeñas envolturas de cuero que contienen tiras de pergamino con ciertos pasajes de las Escrituras; los judíos, durante ciertos rezos, las llevan atadas: una al brazo izquierdo y otra a la frente.

GAMADA (CRUZ)

Cruz de brazos iguales, de extremidades dobladas en forma de gamma mayúscula del alfabeto griego, y que era el símbolo del fuego y del sol, svásti de los celtas, que representaba un diagrama místico de buen augurio, con el que se encabezaban las piedras tumularias. Después fue elegida como emblema de los pueblos arios y de los nacionalistas alemanes, adoptándose finalmente como símbolo religioso, político o racista.

GNOSTICISMO (de gnóstico)

Escuelas y sistemas religiosos y filosóficos de los primeros siglos de la era cristiana, originados de sectas judaicas, paganas y cristianas, que, sin embargo, concordaban en puntos capitales, como en el conocimiento de una ciencia superior y misteriosa y en la admisión de una serie de entidades divinas que intervenían en la creación y conservación del universo.

Esta doctrina filosófica y religiosa está relacionada con la concepción dualista de la divinidad, que plantea la existencia de un dios doble o de dos dioses iguales, uno de los cuales es el creador del bien y otro el del mal, y ambos están enzarzados en una lucha perpetua. Se plantea el problema del origen del mal, diciendo: si Dios creó el mal, Dios sería también malo, o bien el bien puede engendrar el mal. Y si Dios no creó el mal, quiere decir que hay una parte de la realidad que fue creada por otro creador.

El gnosticismo incorporó a sus doctrinas parte de la filosofía de los antiguos cultos de Osiris y de Hermes Trismegisto, y ha utilizado mucho del prestigio de Pitágoras para justificar sus afirmaciones y prácticas. En diversos períodos, varios de los llamados herejes cristianos, como los bogomilos y los cátaros, incorporaron filosofías gnósticas al cristianismo.

HATOR (diosa de la mitología egipcia)

De la misma manera que Neith, Maut y Nut personifican el espacio celeste en que se mueve el Sol, y Horus simboliza la salida del Sol, Hator, cuyo nombre significa literalmente en lengua egipcia «la habitación de Horus», tiene el carácter de madre del Sol, carácter que simboliza la vaca, bajo cuya forma suele aparecer amamantando a Horus. También los reyes, por su asimilación a Horus, fueron representados mamando de la vaca de Hator, pues su papel de diosa madre le confunde con Isis, madre de Horus, en la tríada tebana y en el drama osiriano, cuya leyenda divulgó Plutarco.

Al igual que otras diosas, personifica el espacio celeste, pero hay que tener en cuenta que, como madre que es del Sol del ocaso, Hator personifica especialmente el cielo nocturno, en el cual parece renovarse el mundo. En ese sentido, se le daba el nombre de diosa de oro (Nub, en la lengua egipcia), porque bajo la forma de vaca animaba la montaña tras la cual se esconde el Sol. Nub era llamada así por los egipcios a la sala del hipogeo en que se depositaba el sarcófago, por la asimilación que hacían del tránsito de la vida a la muerte con la desaparición del Sol en el horizonte.

HIERÁTICO (del griego hieros, sagrado)

Que pertenece a los sacerdotes o tiene la forma de una tradición litúrgica. Que reproduce en escultura y pintura las formas tradicionales. Escritura hierática, trazado cursivo o abreviado de la escritura jeroglífica de los egipcios. También, relativo a las cosas sagradas, a cierta clase de papel que se traía de Egipto, a la escultura y la pintura religiosas que, carentes de inspiración, reproducen formas tradicionales, y al estilo o ademán que tiene o afecta solemnidad extrema, aunque sea en cosas no sagradas.

HIPOGEO

Por definición, se dice de la planta o de alguno de sus órganos que se desarrollan bajo el suelo, aunque también para definir a las bóvedas subterráneas donde los antiguos conservaban los cadáveres sin quemarlos.

Vitruvio llamaba así a todas las partes de los edificios construidos debajo del nivel del suelo, en conformidad con la etimología griega, aunque dicho nombre se daba más especialmente a las sepulturas subterráneas. Se dividen los hipogeos en dos clases, según que estén abiertos en el suelo sin indicación aparente, o que estén coronados por un monumento funerario. Los de la primera clase han escapado en gran número a la acción destructora del tiempo y de la mano del hombre.

Cuatro pueblos construyeron principalmente hipogeos para sus muertos: los egipcios, los etruscos, los griegos y los romanos, pero los monumentos de los dos primeros pueblos son superiores a los de los otros. Parece que los egipcios fueron los primeros que utilizaron las innumerables cámaras y huecos de sus canteras abandonadas para depositar en ellas sus momias, y gracias a estos monumentos, de magnificencia sin igual, y cerrados desde hace tantos siglos, es como se ha podido en los tiempos modernos formar idea del arte, poderío y civilización de los egipcios en tan remotas épocas. Unos de los hipogeos más notables es el llamado necrópolis de Tebas, en las inmediaciones de dicha ciudad. También los hay en Beni-Hassán, en Berxé, en Karnac y en Bibán-el-Moluk. Después de los egipcios, los etruscos fueron los que construyeron mayor número de hipogeos.

JEROGLÍFICO

Se aplica a la escritura en que no se representan las palabras con signos fonéticos o alfabéticos, sino el significado de las palabras con figuras o símbolos. Fueron empleados como escritura por los egipcios y otros pueblos antiguos, principalmente en los monumentos, aunque con el paso del tiempo se usaron más como un conjunto de signos y figuras con que se expresa una frase, ordinariamente por pasatiempo o juego de ingenio.

Mediante la utilización no de letras sino de dibujos de hombres, pájaros, mamíferos, vegetales y objetos cotidianos, los jeroglíficos (alrededor de setecientos) pueden desempeñar dos funciones en la escritura: el ideograma, representación de objetos materiales y de acciones físicas cuya sola figuración evoca la idea significada pero sin permitir la expresión de ninguna idea abstracta, y el fonograma, jeroglífico que evoca un sonido. Es el principio del fonograma que nos permite transcribir fonéticamente todos los sonidos y, por tanto, escribir todas las palabras del lenguaje. Champollion fue el primero en descifrar los jeroglíficos egipcios.

MAL DE OJO

Influjo maléfico que, según vanamente se cree, puede una persona ejercer sobre otra, mirándola de cierta manera, en particular sobre los niños.

NILÓMETRO

Instrumento destinado a medir el crecimiento e inundaciones del Nilo. Las inundaciones periódicas, en un principio catastróficas, fueron con el paso de los años de gran utilidad para los egipcios. Ello les obligó a diseñar un instrumento para conocer su elevación, consistente en una simple regla que tenía señalada una escala de división. Una vez situada en las paredes de un pozo abierto a propósito, o sobre una columna octogonal de mármol colocada en un pozo, estanque o depósito en el cual entraba el agua del Nilo por un canal, bastaba con mirar el nivel. Para su conservación estaban señaladas ciertas rentas que se pagaban religiosamente, llegando a considerarse entonces como monumentos sagrados y por ello en ciertas ocasiones le dieron la figura del dios Apis.

NUMEN

Cualquiera de los dioses fabulosos adorados por los antiguos idólatras. También se denomina a la inspiración del escritor o artista.

PAPIROS

Documentos escritos en un papel fabricado por los antiguos egipcios, de una planta llamada vulgarmente papiro. Esta planta se desarrolla en el nordeste de África y es propia de lugares pantanosos y riberas. Los tallos alcanzan hasta tres o cuatro metros de altura, son gruesos y cilíndricos, lisos, de color verde oscuro y completamente desnudos, acabando en su cima en un conjunto de inflorescencias y numerosas brácteas lineales, largas, que se encorvan hacia abajo, presentando el aspecto de un varillaje de paraguas que tuviese muchas varillas.

Perteneciente a la familia de las ciperáceas, su penacho espigado posee muchas flores pequeñas y verdosas, siendo el papiro propiamente dicho una lámina sacada del tallo, por lo que alcanzó un prestigio notable en el antiguo Egipto. El procedimiento seguido para la fabricación de este papel parece que consistía en cortar el tallo longitudinalmente en placas muy delgadas, disponerlas al lado de otras paralelamente, tender sobre ellas otras en sentido vertical de las primeras y desecar bajo presión las láminas así formadas. Como los tallos no tienen nudos y todos los haces fibrosos están situados junto a la circunferencia, los tejidos interiores de este tallo están formados casi exclusivamente por células multiformes y poliédricas de paredes delgadas. Despojándolas de las partes fibrosas que llevaban en sus orillas, entrecruzadas y sometidas a presión, quedaba después de estar secas una lámina casi exclusivamente formada por celulosa, cuya superficie permitía escribir con igual facilidad que en un papel ordinario no satinado. La fabricación de este papel en el antiguo Egipto debió hallarse muy desarrollada, a juzgar por las condiciones y cantidad de las muestras que nos han llegado.

PERGAMINO

Del latín *pergamenus*, piel de la res, raída, adobada y estirada, que sirve para diferentes usos, como para escribir en ella, cubrir libros y otras cosas. También se denomina al título o documento escrito en pergamino, razón por la cual se emplea para escribir los antecedentes nobiliarios de una familia o de una persona. Sobre este material se han escrito privilegios, cubierto libros y otros usos.

La escritura sobre las pieles de los animales data de los tiempos más remotos, posiblemente desde los primeros siglos de la Creación. Hay quien asegura que los hebreos las empleaban ya para este objeto durante su permanencia en el monte Sinaí, en la época en que el Señor entregó a Moisés las tablas de la Ley. Lo cierto es que en el pueblo israelita se custodiaban varios volúmenes escritos en pieles, que conservaban desde los tiempos de David, del mismo modo que Herodoto, entre los griegos, hablaba en su obra de las pieles de carnero y cabrito que se empleaban en la escritura desde tiempos muy remotos. Parece ser que estas pieles no estaban bien preparadas, o lo eran de un modo muy elemental, ya que escribir en ellas era no sólo difícil, pues los caracteres tenían que ser muy abultados, sino que quedaban tan sumamente gruesas y bastas que por poca magnitud que tuviera una obra ocupaba un volumen inmenso. Por ese motivo se dio por llamar volumen a todos los trabajos que los sabios y los poetas dejaban escritos, nombre que se ha conservado hasta nuestros días para toda clase de libros. Más tarde, y para evitar todo eso, se escribieron casi todos los tratados en papiro.

PLINIO (Cayo)

Célebre naturalista romano, apellidado El Antiguo o El Viejo, nació en Novum Comum y a los veintitrés años ingresó en el ejército, participando en una campaña militar contra los germanos. Tras regresar a Roma, en el año 52, estudió jurisprudencia pero al no obtener éxito como abogado se dedicó al estudio académico y la escritura. Era panteísta y miraba como sinónimas las ideas del mundo y de Dios, mostrando un profundo desprecio por las cosas de la Tierra, pues según su opinión privaban al alma humana de su individualidad después de la muerte. Como naturalista no traspasó la esfera del compilador, por lo que para muchos su influencia en la ciencias naturales y en la medicina ha sido perniciosa. No obstante, su libro fue tomado en serio y constituyó casi la única autoridad en materia médica hasta el siglo XVI.

En el año 79, cuando la gran erupción del Vesubio arrasó y destruyó Herculano y Pompeya, Plinio se encontraba en Miseno, cerca de Nápoles, al mando de la flota romana de Occidente. Ansioso por estudiar de cerca el fenómeno volcánico, surcó la bahía de Nápoles rumbo a Stabies, donde perdió la vida debido a los vapores de la erupción.

Escribió numerosas obras históricas y científicas, entre las que destacan *De iaculatione equestri,* un tratado sobre el uso del venablo por parte de los jinetes, siendo su principal obra la *Historia Natural,* que consta de treinta y siete volúmenes y es la única de sus obras que se conserva en la actualidad. Contiene 20.000 hechos importantes, extraídos de unos 2.000 volúmenes escritos por cerca de cien autores diferentes. Esta gran enciclopedia habla de Astronomía, Geografía, Etnología, Antropología, Anatomía humana, Zoología, Botánica, Horticultura, Medicina y medicamentos elaborados con sustancias animales y vegetales, Mineralogía, Metalurgia y Bellas Artes, radicando su mayor importancia en la enorme cantidad de información que ofrece sobre el arte, la ciencia y la civilización de su época.

SAN GREGORIO EL GRANDE

Gregorio I (540-604) fue uno de los últimos cuatro doctores de la Iglesia original, más conocido como Gregorio Magno. Nacido en Roma, en el seno de una familia patricia, Gregorio fue hijo de un senador y bisnieto del Papa Félix III, por lo que con estos importantes vínculos destacó de inmediato en la administración, siendo nombrado en el año 570 prefecto de Roma. Decidió muy pronto convertirse en monje, y hacia el año 575 transformó su propiedad familiar en un monasterio dedicado a San Andrés. Fue elegido Pontífice el 3 de septiembre del 590 y procuró introducir el cristianismo entre los bárbaros lombardos que habían invadido Italia. Trabajó a favor de la abolición de la esclavitud y contribuyó a constituir la liturgia de la misa y establecer el rito llamado gregoriano. Murió el 12 de marzo del 604.

SARGÓN II, rey de Asiria

Sargón II reinó en 722-705 a.C. y siguió en el trono al inmediato sucesor de Tukulti-Apil, Salmanasar V. Extendió la dominación asiria en todas direcciones, desde el sur de Anatolia al golfo Pérsico, y al inicio de su reinado destruyó el reino de Israel (toma de Samaria, 721), deportó a su población y venció más tarde a los egipcios (720) en Qarqar y Rafia, al sur de Gaza. Bajo su reinado se construyó cerca de Nínive el palacio de Dur Sarrukin (actual Jarsabad). También dirigió campañas contra Urartu y los medos, anexionó numerosos estados de Siria y el sur de Anatolia, y derrotó a los arameos en el valle del Tigris central y a los caldeos en el valle del Éufrates inferior.

SENTIDO MÍSTICO

En general, el sentido de los textos de la Biblia es aquel que el Espíritu Santo se propuso o intentó significar. Pero como en la escritura no sólo tienen significado las palabras, sino también las cosas, el sentido se divide en literal, llamado también histórico, que es el que ofrecen las palabras tomadas en su significación propia, y en espiritual, llamado también mediato, típico o místico, que significa, no lo que se infiere de las palabras, sino lo que expresan las cosas.

TÉSERA

Se podría definir como el equivalente a un pase o tarjeta de identidad para poder entrar en alguna parte o una especie de libranza para tomar o cobrar alguna cosa. También se refiere a la papeleta para votar o para otros usos y al borrador que dan las partes al notario, para una escritura pública.

Puede ser un pedazo de madera, piedra, bronce, hueso, marfil u otra materia de varias figuras, con una señal o inscripción, tal como usaban los romanos, ya fuera para entenderse secretamente en la guerra, como boleta para los víveres, para pagas de los soldados, como premio de valor a los gladiadores; en fin, como prenda de hospitalidad o alianza. Fue para los romanos lo que hoy es la ficha y el billete. Le dieron variedad de empleos y, en consonancia con ellos, diversas formas en distintas materias.

Las principales variedades eran las siguientes:

Tésera de hospitalidad: una tablilla que el dueño de la casa presentaba a su huésped cuando éste se despedía. La quebraban en dos pedazos, que guardaban respectivamente dichas personas, como símbolo de hospitalidad y amistad, para que sus descendientes, si alguna vez se encontraban pudieran reconocerse y renovar o pagar las antiguas obligaciones de familia. De estas téseras se conserva algún original, y se trataba de una pieza cúbica o planchuela con inscripciones usadas como contraseña, distinción honorífica o prenda de un pacto.

Tésera-bono: que los magistrados daban en ciertas ocasiones a las gentes pobres, quienes al presentarla donde fuera preciso recibían una cantidad de pan, trigo, vino y aceite, o una cantidad en dinero. Los emperadores solían arrojar estas téseras a la plebe, y algunos personajes ricos se ganaron así el favor popular.

Tésera gladiatoria: era una tablilla larga de marfil en la que estaba escrito el nombre del gladiador al que se le daba como certificado de aptitud cuando dejaba de ser tirón o recluta, o como distinción honorífica a su maestro con la fecha de sus primeros triunfos.

TIORBA

Instrumento musical, especie de laúd, algo mayor y con más cuerda. También puede ser una guitarra e incluso un orinal de cama.

TRINIDAD

En el cristianismo, el Padre, el Hijo y el Espíritu Santo. Por extensión, grupo de tres divinidades o tres entidades sagradas.

TODOS LOS AMULETOS
Y TALISMANES

¿Quién no ha tenido en su mente la necesidad de poseer un amuleto o talismán que nos protegiera de todos los males? Esa necesidad es la que posiblemente ha llevado a través de la historia a todas las civilizaciones a depositar su confianza en amuletos y talismanes que, elaborados con ritos y frases misteriosas, nos proporcionarán la dura tarea de alejarnos del mal y acercarnos al bien.

Aquí se describen una relación de ellos, con su significado, para que el lector pueda encontrar el más adecuado, aunque no sea fácil esperar cierta conjunción de los planetas para poder realizar la fabricación del adecuado.

Abascantes

Signos que se escribían sobre pergaminos para después ser llevados como amuletos colgados del cuello o de la cintura, siempre debajo de la ropa.

Abubilla

Se trata de un ave de cuerpo rojizo con alas y cola negras con listas blancas; de pico largo y arqueado, y un característico penacho de plumas blancas erectas sobre la cabeza. Pertenece a las caradriformes y su canto es monótono. Aunque de imagen agradable, despide un olor fétido que merma su atractivo.

Fue considerado por los árabes símbolo de agudeza intelectual, capaz de descubrir tesoros y actuar como talismán. También se la asocia a infinidad de leyendas y numerosas tradiciones orientales, incluso se la menciona en el Corán como mensajera entre Salomón y la reina de Saba.

Una de las leyendas persas para definirnos su origen cuenta que en realidad se trata de una mujer casada que peinaba su pelo absorta en sus pensamientos, cuando, asustada por su suegro que entró de sopetón en la habitación, se convirtió en pájaro huyendo con el peine en la cabeza.

Tal es su prestigio que hasta sus vísceras y plumas se utilizan como talismán para lograr protección contra el mal de ojo y proteger de emboscadas a los viajeros.

Ágata

Piedra preciosa formada por calcedonia, crisoprasa, ágata, cornalina, sardo, sanguina y jaspe. Se trata de una variedad del cuarzo perteneciente al grupo criptocristalino, dura, translúcida y con franjas de colores. Sus capas curvas adoptan la forma de la cavidad de la roca en la que se va depositando sílice.

Ha sido utilizada en las dotes adivinatorias, en astrología y como amuleto. En la forma adivinatoria se emplean veinticuatro piedras diferentes que se colocan en el interior de una bolsa de donde se van sacando de una en una de forma aleatoria; cada una de ellas nos dará un mensaje, aunque el ágata en sí simboliza buena salud y nos presagia la llegada de beneficios. Está identificada con el elemento aire y al jueves como día.

En astrología se la asocia con el signo de Tauro, el cual comparte con la esmeralda, el alabastro y el coral blanco, identificándose con el elemento tierra y con la primavera.

Como amuleto se le atribuye ciertas dotes y buena suerte para los atletas, también fertilidad para el campo arado. Llevándola encima, se dice que nos da valor, fuerza, poder, agrado y buen humor, así como que nos evita de toda clase de peligros.

Aguamarina

Recibe este nombre por su parecido color con el agua de mar, y su forma es hexagonal, con extremos romos. Es una variedad del berilo, mineral que en algunas variedades constituye una gema valiosa. Normalmente es incoloro y transparente, siendo la esmeralda una variedad coloreada por el cromo. El aguamarina es de color azul, existiendo también el berilo dorado y el berilo incoloro.

Esta piedra es utilizada dentro de la litomancia (forma adivinatoria que utiliza piedras preciosas y semipreciosas para sus predicciones), y se le atribuye un buen presagio hacia el amor, así como la confianza en sí mismo.

En astrología pertenece al signo de Géminis, el cual comparte con el ópalo y el granate, identificándose con el elemento aire y al miércoles como día.

Como amuleto, se le atribuye a su poseedor el poder de no temer a sus enemigos, según contaba Alberto Magno en su obra *De virtutibus lapidum*.

Alfonso X

Este toledano, hijo de Fernando III el Santo, sucedió a su padre en el trono de Castilla y León en el 1252. Su reinado no estuvo exento de problema políticos, y se vio envuelto en una guerra civil que le ocasionó una profunda crisis.

Mecenas didáctico, fue uno de los reyes más cultos de la Edad Media y quien dio impulso al Renacimiento. Amante de la astrología, la magia y la adivinación, consultó a cuantas personas entendidas llegaron hasta él, pues su intenso interés por conocer los secretos del universo nunca quedaba saciado.

Escritor prolífico, destacan especialmente *Libros del saber de astronomía* y el *Libro de las tablas Alfonsies*, mientras que sus *Tablas* demuestran la importancia que concedía a la astrología. De ellas dijo un conocido escritor que nunca hasta entonces un monarca cristiano había escrito algo similar basándose solamente en la observación.

Otro de sus libros que requiere mención es el *Libro de las Cruces,* en el que hace un estudio sobre el carácter astrológico de Hispania, la cual, y según la interpretación de Ptolomeo, pertenece al signo de Sagitario, o al de Géminis según los estudios árabes encontrados.

Su dedicación para conocer cada vez más las ciencias adivinatorias le llevó al estudio de las piedras, analizando en ellas sus cualidades beneficiosas o sus resultados perjudiciales. En su estudio hizo hincapié en la influencia que ejercen sobre ellas los signos zodiacales, los planetas y la posición de las estrellas.

Su dedicación estaba marcada por la obsesión que tenía en describir trescientas sesenta piedras, asociadas a los trescientos sesenta grados del Zodiaco, y analizando en ellas todas sus propiedades.

Alga

Los estudios encontrados relacionados con el vudú nos dicen que esta planta acuática tiene algo de magia. Afirman los entendidos que las cenizas de las algas deben usarse para fregar el suelo, de esta forma atraeremos la buena suerte cuando estemos en vías de hacer negocios.

Existen diferentes teorías sobre su poder como amuleto, ya que para los pueblos orientales las algas tienen acciones protectoras para los navegantes, mientras que para los pueblos occidentales éstas simbolizan la vida.

Existen diferentes tipos de algas, pudiendo dividirse por su color y por su tamaño. Las alas macroscópicas suelen crecer en abundancia como algas marinas en las zonas intermareal y submareal, a una profundidad de hasta 268 metros, según la penetración de la luz solar. También las podemos encontrar sobre rocas situadas en agua dulce, aunque éstas por lo general terminan desprendiéndose y flotan formando lo que conocemos como el verdín de las charcas.

A diferencia de las macroscópicas, las algas microscópicas se caracterizan por ser unicelulares y flotar libremente, constituyendo así una parte esencial de la cadena alimenticia de los seres acuáticos.

Las algas han sido clasificadas, además, por su movilidad, siendo las formas inmóviles interesantes para los botánicos, mientras que por las móviles han mostrado interés hasta los zoólogos.

Altangatufu

Es un ser con el cuerpo y la cabeza de serpiente, y patas de cerdo, que fue conocido como el ídolo de los calmucos. Éstos tenían la creencia de que llevar esta imagen en combate les otorgaba la invulnerabilidad.

Nos cuenta una leyenda que para demostrar esta creencia, un calmuco ató al ídolo un libro, sin ser alcanzado por las flechas de los hábiles guerreros.

Amatista

La amatista está considerada como una piedra semipreciosa dentro de las variedades del cuarzo. Su color entre violeta y púrpura, debido a la presencia de compuestos de hierro o de manganeso, la diferencia del cuarzo transparente o del cristal de roca.

De esta piedra muy común en Europa se han hallado los mejores ejemplares en la India, Ceilán y Brasil, usándose para hacer sellos y anillos. Por su color ha sido considerada símbolo de humildad dentro de la tradición cristiana.

Utilizada en la litomancia, simboliza la confianza, la perspicacia, la admiración y el respeto, siendo vinculada al elemento aire y al jueves como día.

En astrología, se la asocia con el signo de Aries, el cual comparte con la pirita de hierro y el azufre. Aquí su vínculo está con el elemento fuego y la estación de la primavera.

Plinio el Viejo, escritor y enciclopedista romano, considerado como la máxima autoridad científica de la Europa antigua, nos enseñó a utilizarla como talismán, empleándola contra la gota y los venenos. También se le atribuyen poderes contra la embriaguez a quien la posee, y además, llevándola encima, da buena suerte en el amor y los negocios, siendo capaz de producir sueños proféticos.

Ámbar

Esta frágil piedra de resina vegetal fósil en tiempos prehistóricos exudaba de distintas variedades de árboles coníferos, pero la extinción de éstos hace que en la actualidad sólo proceda de coníferas terciarias.

Su color varía desde el amarillo más claro o tostado al pardo rojizo, y se suele encontrar en trozos redondeados e irregulares, en granos o en gotas. Tiene un característico y agradable olor cuando se la frota, a la vez que adquiere carga eléctrica negativa por el rozamiento. En su interior arde una llama brillante, y en ella se han llegado a encontrar especies de insectos ya extinguidos.

Las mayores cantidades se han obtenido de la costa sur del mar Báltico, aunque también se encuentra en pequeñas cantidades en Sicilia, Rumania, Siberia, Birmania, Australia, Groenlandia y Estados Unidos.

Utilizada en la litomancia para realizar predicciones, simboliza el coraje, la virilidad y la fertilidad, estando asociada al elemento fuego y al domingo como día.

En astrología está considerada como el hilo psíquico que enlaza la energía individual con la cósmica, y simboliza la atracción solar, espiritual y divina.

Utilizada como amuleto es un buen protector contra los hechizos y el mal de ojo, aconsejándose llevarla alrededor del cuello en forma de collar, excepto para los nacidos bajo el signo de Tauro, ya que en ellos produce el efecto contrario.

Amuleto

Se define así cualquier objeto utilizado con fines mágicos, siendo un vocablo que proviene del latín *amuletum*, aunque también se dice que su procedencia no es latina sino de la raíz árabe *jamalet*, que significa «lo que es llevado».

Suele definirse como un objeto portátil, con frecuencia una piedra o un trozo de metal, con alguna inscripción, aunque también se utilizan medallas, figuras, collares, que poseen la virtud de librar a su poseedor de daños, peligros y enfermedades.

Su presencia en enterramientos prehistóricos nos demuestra que el amuleto era síntoma de creencias en sus poderes sobrenaturales. Los antiguos egipcios los usaban en forma de collar; entre los griegos recibía el nombre de *phylakterion*, empleando unos u otros amuletos dependiendo de la protección que necesitasen; entre los judíos, las tiras de pergamino con pasajes de la ley eran utilizadas por la Escuela Farisaica como símbolos de piedad y para protegerse de los malos espíritus; mientras que para los sirios y babilonios su empleo era tan importante que con él se creían libres de la cólera de los dioses malignos. También los fenicios utilizaban amuletos de piedra y bronce para así dar culto a Astaré, y para los romanos el uso de amuletos consistía en la utilización de brazaletes, aros, collares, sortijas con piedras preciosas, etc.

Entre los más supersticiosos podemos considerar a los árabes, quienes usaban unas bolsitas de seda donde guardaban pergaminos con palabras del Corán, aunque el amuleto más conocido para ellos era el denominado «Mano de Fátima», del que se dice protege a todo el islam.

Incluso en la Edad Media los magos eran muy solicitados, ya que eran los encargados de preparar los amuletos que las personas llevarían encima. Esto fue así hasta que la Inquisición se encargó de acabar con esta práctica.

La Iglesia cristiana tampoco se vio libre de la utilización de amuletos, haciendo uso de objetos con las palabras Jesucristo, Hijo de Dios, El Salvador, hasta que en el siglo IV se le prohibió al clero tanto su fabricación como su uso, y quien no cumpliera esta ley quedaría privado de sus órdenes sagradas.

Todo esto nos demuestra que no ha habido cultura alguna que se haya visto libre del uso de amuletos, unos para creerse con más poder, otros para verse libres de las grandes amenazas. Fueron los egipcios quienes llevaron esto incluso hasta después de la muerte utilizando el «djed», símbolo de estabilidad asociado a Osiris, el cual debía proteger a los muertos en su paso al más allá.

Actualmente el uso de amuletos es una práctica casi generalizada en todo el Oriente Próximo, y ni las persecuciones han conseguido acabar con ello, alcanzando gran popularidad incluso en nuestros días.

Anillo

Esta pieza circular utilizada para adornar los dedos de las manos y, según las culturas, las orejas, los dedos de los pies o la nariz, está vinculada a muchas formas de magia, adivinación y brujería.

Los anillos en los dedos no siempre son utilizados simplemente como adorno, ya que también tienen un significado simbólico, como es el anillo de boda. Por su parte, el anillo de sello nos puede indicar que su portador tiene autoridad o poder. También puede utilizarse como talismán o llevarlo encima por sus poderes mágicos.

Los de compromiso se han ido regalando desde tiempos ancestrales, siendo tradicional la alianza de oro ya conocida desde el siglo XVI. Las personas con un gran poder adquisitivo pueden permitirse regalarlo con un diamante.

En la cultura egipcia los anillos que tenían como símbolo un escarabajo representaban la eternidad, pero para los romanos era tan importante la utilización de los anillos que hasta regularon su uso con leyes, cambiando estas normas con el paso de los tiempos. De esta forma al comienza del Imperio permitían que llevaran anillos de hierro aquellos que habían nacido en libertad, y sólo los de alto rango podían lucir anillos de oro. Más tarde, los ciudadanos libres comenzaron a lucir los anillos de oro y plata, quedando el hierro solamente para los esclavos.

En quiromancia tienen una gran importancia los anillos, pues en la lectura de manos se pueden encontrar hasta cinco anillos diferentes, cada uno de ellos con una interpretación particular:

— Anillo de Apolo.
— Anillo de Mercurio.
— Anillo de Salomón.
— Anillo de Saturno.
— Anillo de Venus.

El anillo de Apolo es la línea que rodea la base del dedo anular, y si está muy marcada la persona que la posea estará dotada para el arte, pero si es muy suave nos indica dudas para resolver hasta las más insignificantes situaciones.

El anillo de Mercurio es la línea que rodea la base del dedo meñique, y quien la posee estará dotado para las prácticas comerciales.

El anillo de Salomón es la línea que rodea la base del dedo índice. Si esta línea es muy profunda nos indicará que poseemos dotes para aprender y transmitir conocimientos, por lo que la enseñanza sería la profesión idónea.

El anillo de Saturno es la línea que rodea la base del dedo corazón, y sobre la que se dice atrae la mala suerte. Quienes posean esta línea serán personas poco sociables, con tendencia a la soledad.

El anillo de Venus es la línea situada entre la segunda falange del dedo pulgar y el monte de Venus. Quienes posean esta línea muy marcada serán personas muy atadas a la familia.

Como amuleto el anillo ha sido un objeto muy utilizado, tanto en Oriente como en Occidente, siendo los magos y brujos los encargados de su fabricación para darles así los poderes maravillosos. Entre los anillos utilizados como amuletos podemos destacar:

• Anillo contra los **hechizos**, utilizado para alejar los espíritus malignos.

• Anillo de Giges, del que se dice que, volviéndolo hacia el exterior de la mano, su poseedor se convertirá en **invisible**.

• Anillo de la **longevidad**, que como su nombre indica otorgará una larga vida a su poseedor.

• Anillo de **Salomón**, del que cuenta la leyenda que aún se encuentra guardado en la tumba de Salomón, y con él se podía dominar la naturaleza.

• Anillo del **viajero**, utilizado por los caminantes para evitar la fatiga.

• Anillo del **amor**, utilizado para acercar aún más a los enamorados.

La Iglesia es una muestra de la importancia que para los cristianos tiene el uso de los anillos, y durante la Edad

Media era habitual que un obispo recibiera un anillo como parte de la ceremonia de consagración. Tradicionalmente, a los papas se les entrega uno conocido como el anillo del pescador, pues en este sello figura el nombre del Papa alrededor de una representación de San Pedro en su barca de pesca.

Pero fue en el siglo XVI cuando el uso de los anillos alcanzó la máxima popularidad, pasando a utilizarse varios anillos e incluso adornarlos con piedras preciosas.

En parasicología también se tienen en cuenta los anillos, pues según la interpretación de los sueños soñar con anillos significa estar cerca de un compromiso, unión o boda.

Anillos bizantinos

Estos amuletos recibieron este nombre porque fueron utilizados en Bizancio. Consistían en un anillo con un escudo grabado, al que se le añadía, además, una máscara grotesca con siete hojas, cada una de ellas simbolizando uno de los siete dones del espíritu: sabiduría, honor, valentía, potencia, suerte, fama y fuerza. No suficiente con atribuirle todos estos dones, también se decía de ellos que curaban el mal de ojo y las enfermedades.

Ank

Este amuleto con forma de cruz, y con un lazo en la parte superior a modo de asa, fue utilizado como emblema sagrado por los egipcios, simbolizando para ellos la vida.

Esta misma forma fue utilizada en gran parte de las construcciones religiosas durante la Edad Media, añadiéndole un ábside semicircular o elíptico.

Antídoto

Al igual que un antídoto químico, tiene el poder de neutralizar cualquier veneno, y se trata de un amuleto, ya sea objeto o sustancia que podremos emplear como antídoto y como remedio para cualquier mal.

Antin antin

Con este nombre podríamos pensar que se trata de estar en contra de algo, por su forma anti, del griego «en contra»; sin embargo, nos encontramos ante el nombre que reciben todos los amuletos utilizados en Filipinas contra la muerte y los malos espíritus.

Azabache

Esta piedra dura y compacta, de color negro, muy utilizada en la cuenca mediterránea y en la India por su poder contra el mal de ojo, es una variedad de lignito.

Plinio el Viejo, escritor y enciclopedista romano, considerado como la máxima autoridad científica de la Europa antigua, nos hablaba del azabache diciendo que: *«Se trata de una piedra negra, plana, porosa, poco pesada, no muy distinta de la madera, frágil y que desprende un fuerte olor cuando se la machaca. Al arder*

*pone en fuga a las serpientes y alivia las estrangulacio-
nes de la matriz.»*

El azabache utilizado en litomancia como forma adivinatoria simboliza el fortalecimiento y el vigor, siendo asociado al elemento tierra y al sábado como día.

Bastón del viajero

Este amuleto se prepara tomando una vara de saúco
(especie europea de árbol o arbusto que puede alcanzar
hasta los nueve metros), a la que se le quita la médula. En
el hueco que nos queda se introducen los ojos de un
lobezno, la lengua y el corazón de un perro, tres lagartos
verdes y tres corazones de golondrinas, todo ello disecado
y reducido a polvo. Una vez se ha rellenado el hueco, se
le cubre con siete hojas de verbena que deben estar cortadas la víspera de San Juan. A todo esto se le pone encima
una piedra multicolor que ha de ser encontrada en el nido
de una abubilla. Por si fuera poco, se le debe poner un
puño triangular, metálico, con el sello de Salomón en
color verde grabado sobre él.

Según la tradición, este amuleto da protección al viajero que emprende un viaje peligroso, aunque lo más difícil debe ser conseguir los ingredientes para lograr hacerlo.

Benza

Como todos los amuletos, éste también tenía sus poderes adjudicados. En concreto, era utilizado por el pueblo
congoleño de Kavati, el cual hacía ofrendas a su fetiche

«Benza» por el poder que se le atribuía de curar las enfermedades del pecho.

Berilo

El berilo, mineral considerado una subclase de los ciclosilicatos, adquiere su valor en función de su dureza y color, y en algunas de sus variedades puede ser una gema valiosa. El berilo puro es incoloro y transparente; sin embargo, existen variedades con pequeñas cantidades de cromo, lo cual le da un color verde o azul con un brillo vítreo; entre las de color verde se encuentra la esmeralda, y entre las de color azul, el aguamarina. Existen otros berilos dorados o de color rosa, como la morganita, pero éstos son menos valiosos. El berilo cristaliza en el sistema hexagonal y tiene una dureza entre 7,5 y 8 y una densidad entre 2,75 y 2,8.

En litomancia el berilo está considerado como símbolo de la esperanza, del honor y de la amistad.

En geomancia, método adivinatorio que emplea líneas, círculos o puntos trazados en la tierra, corresponde a la figura de Amissio, al elemento aire y al miércoles como día.

En astrología, se corresponde con el signo de Géminis, el cual comparte con el granate y el ópalo, asociándosele con el elemento aire y a la estación de la primavera.

Bezoar

Este cálculo, que se encuentra en las vías digestivas de algunos cuadrúpedos, está considerado como talismán contra todo tipo de peligros y enfermedades.

En Occidente se utiliza el que se halla en el cuajar de algunas especies de cabras, mientras que en Oriente es utilizado el que se encuentra en el cuajar del antílope.

Su nombre proviene de la palabra persa *badzahar.*

Brevetes

Este amuleto no es un objeto en sí, sino una serie de fórmulas mágicas escritas para aliviar a una persona o animal enfermo. También se denomina así a ciertos documentos pontificios y a toda frase corta.

Bula

Se conocen como tales a los medallones utilizados como amuletos y que portaban los jóvenes romanos para ser ofrecidos a las divinidades de la época. Estos amuletos estaban hechos con dos placas metálicas a las que se otorgaba un poder protector.

Como bula también conocemos la carta o documento especial que lleva el sello del Papa, de ahí que en la Edad Media se conociera con el nombre de sello, que es lo que significa la palabra bula. Estos documentos eran, y son, otorgados por la Iglesia católica en algunas situaciones especiales en cuanto a materia de fe se refiere.

El sello que se utiliza está hecho de plomo y lleva estampado a un lado el nombre del Papa reinante, y al otro lado, dos figuras con las cabezas de San Pedro y San Pablo. Cuando los documentos se refieren a una situación de especial importancia se utiliza el sello dorado denominado también «bulla áurea».

Fueron varios los papas que otorgaron bulas contra brujos y brujas, siendo destacables las que promulgaron Juan XXII, Eugenio IX, Inocencio VIII, Alejandro VI y León X. Siglos más tarde, en 1878, fue el Papa León XIII quien realizó algunas innovaciones en lo referente a las bulas, pasando a escribirlas sobre pergamino y no en papiro, como se venía haciendo. Otro de los cambios que introdujo fue permitir la estampación de membretes rojos en lugar de sellos, lo que contribuía a facilitar el correo.

Cabeza de Serpiente

Este reptil de cuerpo cilíndrico, cubierto de escamas y muy alargado, que carece de párpados, por lo que sus ojos permanecen abiertos constantemente, es capaz de sorprendernos por su capacidad de desplazarse rápidamente, a pesar de no tener patas, sólo con su movimiento ondulante, denominado método serpentino.

Está considerada como representante de la fuerza, por lo que algunas tribus africanas y ciertos pueblos precristianos le rinden un culto especial, incluso en la actualidad. La serpiente es el símbolo de la energía por antonomasia. No tiene una imagen tan respetada dentro del cristianismo, por la forma que adoptó el ángel caído y que causó la pérdida del paraíso. A partir de este momento ha formado parte de cantidad de leyendas, pero siempre como servidor del mal. Como ejemplo, podemos ver cómo Dios la utilizó para castigar a los hebreos por haber desconfiado de Él, enviándoles serpientes de fuego que les mordían, hasta que Moisés intercedió por el pueblo mostrando su arrepentimiento.

Fue calificada de satánica y comparada con el dragón en el Apocalipsis, siendo vinculada con el demonio desde entonces, confiriéndole el signo de la maldad. Es utilizada para la celebración de ritos y ceremonias de distintos pueblos africanos y en algunas sectas, como es el ejemplo del vudú.

Por su asociación con el dragón los alquimistas no hacen distinción entre ellas, refiriéndose siempre a los «ouroboros» para mencionar tanto a la serpiente como al dragón circular.

En parasicología, soñar con serpientes es interpretado de acuerdo con la teoría más extendida de atribuirle fuerza y ser la creadora del universo, con la energía y transformación personal, desde la situación actual hacia otra mejor.

Su cabeza fue utilizada como amuleto fálico por los egipcios para protegerse contra las picaduras de ellas.

Calagramas

Se denominan así algunas conchas utilizadas por los indios, que son consideradas como símbolo de Vishnú, concediéndose a estas conchas el carácter de amuleto.

Camafeo

Se denomina así a una piedra dura sobre la que se talla un diseño compuesto por imágenes o caracteres grabados en relieve. La superstición ha hecho que se utilice como amuleto por considerar que tiene influencia celeste, atribuyéndole grandes virtudes.

Para su realización se utiliza un grabador con la punta de diamante, técnica que ya se utilizaba en el año 4000 a.C. para los sellos babilónicos. Estos sellos tenían un uso puramente funcional; sin embargo, los camafeos se fueron perfeccionando con fines ornamentales, siendo el de Ptolomeo uno de los más famosos realizados en el antiguo Egipto.

Fue sobre el año 400 a.C. cuando en la antigua Grecia se comenzaron a utilizar engarzados sobre anillos y colgantes, adornándolos con piedras preciosas como esmeraldas, amatistas y diamantes, aunque quienes no tenían demasiado poder sólo podían utilizar piedras semipreciosas, como el ágata rayada, la sardónica y la cornalina.

Los temas utilizados eran casi siempre retratos de personajes, dioses o figuras mitológicas, que eran grabadas en la capa clara más externa. Esta técnica de grabado fue llevada por los griegos hasta Roma hacia el siglo I a.C., teniendo una gran aceptación sobre todo en las clases más acomodadas. El éxito que alcanzó la utilización de los camafeos fue decayendo a finales del Imperio romano.

Fue ya en el siglo XIV cuando se produjo el resurgimiento de los camafeos en Italia, donde se creó el mayor centro de producción, llegándose a copiar diseños antiguos y volviendo a utilizarse como adorno personal, ya fuera como colgantes, medallones, anillos, etc.

El sistema de grabado cambió en el siglo XVIII, y la talla se llevaba a cabo con una rueda giratoria humedecida con una mezcla de aceite de oliva, esmeril y polvo de diamante. Se utilizaban retratos como tema más frecuente, aunque algunos hacían mención de temas históricos. Se realizaban en grandes cantidades, una vez hecha la primera impresión de cera y azufre. Los más pobres no podían permitirse los camafeos enriquecidos con piedras preciosas, por lo que utilizaban imitaciones hechas en pasta moldeada, siendo los más populares los realizados en nácar. Esta moda ha perdurado hasta el siglo XIX, y es Italia todavía la que posee una floreciente industria dedicada al camafeo de nácar.

Campanilla

Este objeto, conocido sobre todo por su uso para realizar llamadas, ya sea en la Iglesia para atraer a los fieles, o la persona enferma para llamar a su cuidador, también ha tenido la función de alejar a los malos espíritus, pues se dice que colgado en la cabecera de la cama sirve como amuleto para alejar a los demonios de la persona que se encuentra en coma.

Caravaca

Esta cruz, denominada patriarcal o de Caravaca, podemos encontrarla expuesta en la iglesia gótica de la localidad de Caravaca en la provincia de Murcia. Son característicos sus cuatro brazos, y fue diseñada por el monje San Benito de Nursia, fundador del monasterio de Montecasino y conocido como el padre del monacato occidental.

Se dice de ella que tiene el poder de exorcizar, por lo que se la utiliza como talismán capaz de alcanzar la unidad de las fuerzas celestes contra el demonio. También se asegura que su diseño se creó añadiendo un travesaño más a la cruz latina, para dar distinción a quien la portaba, aunque otras historias nos cuentan que se trata de la cruz griega superpuesta con la tau templaria (decimonovena letra del alfabeto griego, equivalente a la T española).

Para que la cruz posea los poderes que se le atribuyen no han de faltarle ninguna de las siglas siguientes:

INRI: Grabado en la parte alta del anagrama.

CSPB: Estas cuatro letras, que significan «Cruz del Santo Padre Benito», han de ir colocadas una en cada uno de los ángulos.

CSSML: Estas cinco letras, que significan «La Cruz Santa sea para mí la luz», han de ir colocadas en la cara perpendicular.

NDSMD: Estas cinco letras significan «No sea el dragón mi guía», y han de ir colocadas en horizontal.

VRSNSMVSMQLIVB: Estas catorce letras significan «Vete atrás Satanás, nunca puedas tú persuadirme con la vanidad, son malas las cosas que tú prodigas», y han de ir escritas sobre la cara en elipse, empezando por arriba y volviendo hacia abajo.

Esta cruz, utilizada sobre todo por los murcianos por ser los más devotos de ella, también es empleada por otras muchas personas para bendecir la casa, y para aliarse con brujas y duendes.

Cetro de papiro

El cetro es una vara de oro utilizada por los emperadores y reyes, como insignia de su dignidad.

El papiro es el nombre de una planta de hojas largas provistas de una quilla muy marcada, con tallos florales blancos y de sección triangular. Esta planta crece sobre todo en Egipto, Etiopía, el valle del río Jordán y Sicilia. El papiro egipcio se fabricaba con las hojas que, una vez prensadas, eran utilizadas para la escritura.

Aunque el significado de estas dos palabras no parece tener nada en común, unidas se convierten en un amuleto egipcio compuesto por el tallo de una planta cuya extremidad inferior terminaba en punta.

Este amuleto simbolizaba la fecundidad y la eterna juventud. Fabricado en gres verde y esmaltado en el mismo color, era colgado en el cuello de un difunto el día de los funerales, porque así se le transmitía la fuerza y el vigor que necesitaba para su paso al más allá.

Cilindro

Esta figura geométrica tridimensional, formada por dos bases circulares de igual área, unidas por una superficie lateral, fue utilizada como amuleto por los persas y egipcios, que lo adornaban con símbolos y escritos geométricos, y lo portaban colgado del cuello.

Cintos maravillosos

Son tantas las leyendas que existen sobre los diferentes objetos utilizados como amuletos, que nos hacen pensar que cualquier cosa de las que nos rodea, tratada adecuadamente, puede alejarnos de todo mal.

Los cintos maravillosos, según nos cuentan algunos libros, nos pueden curar de cualquier tipo de dolencia, aunque para ello han de estar hechos con hojas de helecho, y éstas deben haber sido cortadas al mediodía de la víspera de San Juan. Una vez confeccionado el cinturón, hemos de llevarlo alrededor del cuerpo de tal forma que resulte el carácter mágico HVTY.

Círculo

Es importante destacar el círculo dentro de las diferentes ciencias adivinatorias, además de su importancia como talismán, sobre todo en Occidente durante la Edad Media.

En astrología, se trabaja con el plano de una esfera, el cual simboliza el universo. En él confluye el tiempo y el espacio, lo que condiciona la vida y muerte de las personas.

Para marcar los signos zodiacales, también se parte de un círculo que, cortado en su línea del horizonte con el meridiano, determina los cuatro sectores Oeste-Sur, Sur-Este, Este-Norte y Norte-Oeste, y con ello las cuatro estaciones del año: primavera, verano, otoño e invierno. Estos cuatro sectores, a su vez, se dividen en tres arcos de treinta grados cada uno, dando lugar a los doce signos zodiacales.

Para los alquimistas el círculo unido al punto es de gran importancia, pues son los símbolos de la eternidad. Según un reconocido alquimista, el Sol, combinación del círculo (eternidad) con el punto (concentración), es el tiempo en la eternidad, el símbolo de la unidad del macrocosmos con el microcosmos.

Existen otras muchas creencias a través de las diferentes culturas, en las que nos muestran el círculo como signo importante. En el budismo Zen son muchos los dibujos que aparecen con círculos concéntricos, lo que nos indica esa búsqueda constante de su perfeccionamiento interior.

Para los indios americanos, basándose en que el Sol y la Luna son un círculo, simboliza el tiempo. Para la tradición judía y cristiana, es la expresión del soplo divino que no tiene ni fin ni principio. La tradición islámica sostiene que la forma circular es la más perfecta de todas. De este modo, al llegar a la Meca, los peregrinos forman un círculo sobre la «caaba», santuario principal del islam, realizado con piedra en forma de cubo, y de una sola estancia, a la que recientemente se le ha añadido una puerta de oro. Ya desde la época premusulmana estaba considerado como uno de los centros de peregrinación más importantes de Arabia. Los peregrinos giran alrededor de ella mientras rezan sus plegarias.

En parapsicología también tiene su interpretación, pues soñar que se es el centro de un círculo y significa el deseo que tenemos de cambiar nuestro entorno.

Consuelda

Del latín *Symphytum officinale,* esta planta es frecuente encontrarla silvestre cerca de las plantaciones, entre escombros y al lado de aguas cenagosas. Es muy ramificada, robusta y llega a crecer hasta los ciento veinte centímetros de altura. Tiene una bella flor de color púrpura o rosáceo, con sus pétalos unidos en un tubo, sobresaliendo el estilo. Florece entre mayo y junio y tiene unas hojas ovaladas con extremo puntiagudo, con vellosidades similares a púas. El tallo también es velludo, arrugado, y los frutos son unas nueces envueltas en el cáliz.

Pertenece a la familia de las borragináceas, y de ella se utiliza la raíz. Es la planta más rica en alantoína y también contiene mucílagos, tanino, ácido cafeico y alcaloides.

Sus alcaloides paralizan el sistema nervioso central si se ingiere en grandes dosis. Externamente es cicatrizante, emoliente y antiinflamatoria, e internamente es astringente y antiinflamatoria.

Solamente para uso externo, en donde tiene cualidades insuperables, se emplea en forma de pomada, loción, extracto o emplastos para curar heridas, contusiones, quemaduras y, lo más importante, traumatismos en los que existan huesos rotos. Acelera la curación de las heridas e impide su infección. Por ese motivo se emplea como regenerador cutáneo en casos de arrugas o estrías. En las heridas abiertas impide la formación de queloides, manchas o deformaciones.

Internamente se podría utilizar para diarreas, úlceras gástricas y catarros, aunque la dosis debe ser muy pequeña y espaciada por su acción hepatotóxica. Es mejor sustituirla para estos usos por otras más inocuas.

Es conocida desde hace cientos de años por su facultad como «arreglahuesos», empleándose incluso en la Segunda Guerra Mundial para curar las heridas de los soldados.

Esta planta con tantas cualidades curativas tampoco ha escapado a ser utilizada como amuleto, pues, mezclada con té y rociada sobre el equipaje, hará que tengamos un buen viaje preservándonos de los malos espíritus.

Consuelda dulce

Se denomina así a una variedad de la consuelda (*Symphitum officinalis*) que espolvoreada en el dormitorio sirve para atraer a las parejas.

Contelado

Este amuleto era realizado sobre un trozo de pergamino, en el que se dibujaba una circunferencia grande con tinta encarnada, y a continuación, con tinta plateada mezclada con goma arábiga, se dibujaba otra menor. Dentro de las dos circunferencias se hacían doce partes con dos rayitas en cada una de ellas, y en cada una de las divisiones se colocaba un signo del Zodiaco.

Una estrella era colocada en el centro de todo, trazando cada uno de los rayos con los colores del arco iris, y sobre ellos se escribía el nombre de cada uno de los planetas. Por último, tanto la imagen del Sol como sus rayos eran pintados en el centro de la estrella, dándole un color oro a todo ello.

Coral

Identificamos frecuentemente con este nombre a una culebra venezolana, muy venenosa, de color encarnado y anillos negros, pero el coral que aquí nos ocupa es un celentéreo antozoo que vive en colonias sobre un tejido blando consolidado por un polípero, arborescente, de color rojo o rosado; sus partes más compactas, una vez pulimentadas, se emplean en joyería.

En América también se da otro tipo de coral que procede de una planta arbórea, la cual produce unas semillas de granos duros de un color rojo muy lustroso, que se utilizan para la elaboración de collares y adornos.

En litomancia el coral simboliza la vitalidad, el buen humor y las buenas relaciones. Se corresponde con la figura de Albus, según la geomancia, así como con el agua como elemento y con el viernes como día.

En astrología se le relaciona con el signo de Piscis, y aquí confluyen la dulzura, la permeabilidad, el agua, la humedad, el frío y la noche.

Existe una variedad de coral blanco que se relaciona con la fecundidad, el instinto, la tierra, el frío, la noche, la primavera y el signo zodiacal de Tauro.

Cornalina

Entre las variedades que podemos encontrar del cuarzo tenemos el ágata, y entre las variedades de ésta se halla la cornalina de color rojo muy intenso y otra variedad de color amarillo.

Las mejores piezas se han encontrado en Brasil, la India y Arabia.

En litomancia, simboliza la paz, el placer y la prosperidad. En geomancia se la relaciona con la figura de Caput Draconis, con el elemento aire y con el jueves como día de la semana.

Pertenece, igual que el ágata, al signo zodiacal de Tauro, donde confluye con la fecundidad, el instinto, la tierra, el frío, la primavera y la noche.

En la antigüedad, la variedad de color rojo sangre se usaba para sellos y preciosos grabados.

Crisolita

La crisolita o piedra de los volcanes es un silicato de hierro y magnesio de color verde aceituna, rojo e incluso negro, que se utiliza en magia contra la locura.

También se recomienda hacerle entrega de esta piedra a la persona de la que queramos conseguir el arrepentimiento.

Cristal de roca

Este cuarzo cristalizado se ha utilizado desde la antigüedad como amuleto, pues se decía de él que atraía el favor de los dioses. Incluso en la actualidad tienen cierta fama los collares de cristal de roca, ya que se dice de ellos que atraen la buena suerte. Es un buen regalo para los nativos de Cáncer y de Géminis, pues a estos signos del Zodiaco es a quienes más favorece.

Cuarzo

El cuarzo es uno de los minerales más comunes, está compuesto por un dióxido de silicio y es de destacar su brillo. Cristaliza en prismas hexagonales y se encuentra distribuido por todo el mundo, formando parte de rocas o en depósitos puros. En algunas rocas se llega a encontrar casi en estado puro, como es el caso de la cuarcita, que por este motivo se le ha dado ese nombre, o la arenisca compuesta casi en su totalidad por cuarzo.

Muchas de las variedades cristalinas de cuarzo son transparentes y brillantes, como el caso del cristal de roca, el falso topacio o el heliotropo.

En litomancia, el cuarzo simboliza las habilidades creativas y el regreso a la fuerza psíquica.

En astrología se le asocia con el signo de Libra, donde entra en conjunción con la justicia, la armonía, el calor, la humedad, el aire y el otoño.

Otras muchas formas cristalinas de cuarzo o de calcedonia son utilizadas como gemas para infinidad de ornamentos. En su forma de cristal puro es utilizado en equipos ópticos y electrónicos; molido, es un buen abrasivo, lo mismo que cortado en piedras, y en polvo su uso está enfocado a la fabricación de porcelana, papel de lija y relleno de madera.

Brasil es el país más rico en yacimientos de cuarzo, mucha parte del cual es utilizada como materia bruta en la industria electrónica. En la actualidad mucho del cuarzo utilizado ha sido sintetizado.

Cuerno

El término cuerno se emplea para definir la protuberancia que sale en la cabeza o el hocico de algunos mamíferos. Éstos lo utilizan como arma de defensa o de ataque, y entre los más conocidos tenemos a las cabras, rinocerontes, ciervos, jirafas y ganado vacuno.

Al igual que el pelo, el pico, las uñas o las pezuñas, están formados por queratina (proteína fibrosa que se produce en las capas externas de la piel).

Salen en número de uno o de dos, curvos y puntiagudos; por este motivo denominamos así aquellos objetos que tengan una terminación puntiaguda; por ejemplo, los cuernos de la Luna. También se denomina así a una vasija o recipiente en forma de cuerno.

Existen otras situaciones que también definimos con esta palabra, como cuando hablamos de la infidelidad, en la que decimos: le ha puesto los cuernos. Es posible que de esa expresión provenga el atributo que le caracteriza con la aparición del demonio. De todas formas, no todos los atributos son malos, pues también se dice de él que protege contra el hastío, y hasta se supone que llevar colgado un dije (alhaja pequeña que se lleva colgada como adorno) con esta forma proporciona protección contra el mal de ojo, costumbre ésta muy extendida en Italia.

Algunas expresiones populares en las que utilizamos la palabra cuerno:

- Coger al toro por los cuernos: Enfrentarse a una difícil situación con decisión y valentía.
- Mandar a alguien al cuerno: Expresión con la que pedimos a alguien que se aleje de nosotros.
- Romperse los cuernos: Cuando queremos decir que alguien trabaja con ahínco.
- Oler a cuerno quemado: Cuando queremos definir una situación que nos da una impresión desagradable.

- Cuerno de la abundancia o cornucopia: Recipiente con forma de cuerno, repleto de frutas y flores utilizado por los gentiles como símbolo de la abundancia.
- En los cuernos del toro: Meterse en una situación de peligro.

Danta

La uña o casco de la danta o tapir, mamífero americano, estaba considerada por los sudamericanos como una valiosa medicina, a la que le atribuían el poder de hacer milagros.

Para ello, tenían que coger la raspadura de la uña, ponerla en medio vaso de vino blanco o agua, y así mezclado era utilizado contra la epilepsia, enfermedad a la que ellos denominan «mal del corazón», aunque también fue considerada como una forma de posesión demoníaca.

Sus creencias cuentan que para que esta enfermedad no se apodere de una persona bastará con que lo lleve colgado al cuello.

Diamante

El término diamante deriva de la palabra griega *adamas* (invencible), un carbono puro considerado el más duro de los minerales y que cristaliza siempre en el sistema cúbico. En el baremo establecido entre 1 y 10 para definir la dureza de los minerales, el diamante obtiene la categoría de 10, mostrando, además, una amplia gama de transparencias y colores. No obstante, cuando aparece un cierto color castaño o su transparencia amarillea, esto se considera un defecto y le hace perder mucho de su valor.

Entre los diamantes más usuales se encuentran precisamente los de color castaño, aunque también es posible ver otros más raros de encontrar, como los de color verde o azul. Por último se encuentran los de color rojo, muy difíciles de hallar y de gran valor; de hecho se habla del brillo y del fuego como sus propiedades físicas si queremos definir la pureza de un diamante.

Cuando un diamante está aún sin tallar, no brilla y su lustre es graso, pero una vez cortado correctamente muestra un fuerte brillo, y su propiedad de dispersión hace que se separen los colores de la luz blanca, logrando que la piedra centellee.

No sólo podemos hablar del diamante como una de las más valiosas piedras preciosas, pues también es utilizado en distintas aplicaciones industriales. Su capacidad para la conducción térmica nos da la sensación de frío al tocarlos, y esta cualidad hace que se utilicen como películas en la superficie de los chips electrónicos. Por el contrario, no son nada conductores de la electricidad, por lo que se cargan positivamente si se frotan.

No existe una teoría exacta de cómo se forman los diamantes, a pesar de la dedicación que muchos geólogos están empleando para su descubrimiento, aunque en lo que sí parece que coinciden es en la necesidad de calor y presión abundantes para que el carbono cristalice con esta estructura. Es de suponer que estas condiciones sólo se dan a una gran profundidad bajo la superficie de la tierra.

Los primeros datos con los que contamos sobre el comienzo de su existencia, nos narran que fue un niño quien jugando a orillas del río Orange en Sudáfrica, en el año 1866, encontró lo que creyeron era un guijarro, pero que fue identificado como un diamante de 21 quilates, y fue a partir de esa fecha cuando se crearon los campos de extracción, dando lugar a la fiebre de los diamantes. Esto motivó que numerosas personas se desplazaran hasta el lugar buscando tan ansiados tesoros.

La dureza y luminosidad, propias en su naturaleza, hacen que se le asocie a la perfección y sea símbolo de grandes virtudes y poderes. Las diferentes culturas cuentan en sus tradiciones con los diamantes para la identificación de distintos símbolos. Así, en las tradiciones occidentales se considera símbolo de la soberanía universal, utilizándolo como talismán para alejar los malos espíritus, las enfermedades, los fantasmas y las brujas. Durante la Edad Media fue el mejor remedio para no temer a las bestias salvajes, siendo considerada la reina de las piedras por los tibetanos, pues representa para ellos la claridad, la radiación y la iluminación.

En el budismo tántrico está considerada como símbolo de lo inalterable, del poder espiritual invencible, conceptos inspirados en su dureza.

En litomancia es empleada como piedra preciosa para realizar predicciones, y se la concede el poder de la decisión, así como el fortalecimiento hacia la creación de nuevas empresas.

En astrología se le asocia al signo de Libra, el cual comparte con el mármol y el cuarzo, y en él confluye con la justicia, el calor y la armonía. Está asociado con el elemento aire y con la estación del otoño.

En geomancia, método adivinatorio que emplea líneas, círculos o puntos trazados en la tierra, corresponde a la figura de Fortuna Mayor, al elemento fuego y al domingo como día.

En cuanto a la interpretación de los sueños también tiene su significado, pues, según esta ciencia, soñar con diamantes indica éxito y buena suerte. El diamante es valioso, eterno y muy precioso. Soñar con diamantes puede tener otros significados diferentes y podría representar amor y dinero, así como verdades universales y la conciencia espiritual. El diamante es un objeto de deseo y simboliza aquello que es muy valioso para usted. Pocas mujeres no se sienten seducidas ante la presencia de unos pendientes de diamantes y pocos varones no son conscientes del atractivo de regalar a su amada un anillo con un buen diamante. Nosotros constantemente vamos en persecución de esas cosas que no hemos obtenido, pero que deseamos y que estamos convencidos de necesitar para sentirnos completos. Su sueño puede ayudarle a que descifre lo que es más valioso en su vida y le aporte pistas para encontrarlo.

Debido a su gran precio (todo lo que escasea es caro o apreciado) los diamantes son muy imitados, siendo los fabricados en vidrio de plomo los más extendidos, pero para no caer en errores diremos que los diamantes auténticos tallados, a diferencia de los falsos, son transparentes a los rayos X. Otra característica es su resistencia al ataque de ácidos y de álcalis.

Diemales

Los diemales son inscripciones consideradas como amuletos por los habitantes de la isla de Java, y se les atribuye poderes mágicos que les hacen invulnerables en los combates, en sus luchas contra el enemigo.

Dientes de lobo

El lobo está considerado como el predecesor del perro, el cual pertenece al género Canis, uno de los diez géneros de la familia Canidae y en el que están incluidos los lobos, chacales y coyotes, todos ellos muy similares al perro doméstico. En este grupo hay otra gran cantidad de animales que también tienen puntos en común, como son el zorro, el mapache o el perro salvaje africano. Todos ellos son estupendos depredadores y eficaces cazadores, aunque ninguno ha conseguido adaptarse a la vida y costumbres de los humanos.

No existen datos fidedignos que nos expliquen el origen de cada raza de perro conocida hoy, pero teniendo en cuenta su tamaño y comportamiento, así como el lugar de procedencia, se ha podido establecer la siguiente clasificación:

- El lobo norteamericano se cruzó con los lobos de China que pasaron el estrecho de Bering y ambos dieron origen al *Eskimo dog* y al *Alaskan malamute*.
- Por su parte, el lobo asiático pudo cruzarse con los lobos del norte de la India y del Tíbet, originando el chow-chow y el pekinés, e incluso al toy spaniels.
- La gran difusión geográfica de los lobos asiáticos por la India, Persia y Oriente Medio produjo probable-

mente al dingo, los mastines y los lebreles. De este último nacieron el afgano, el saluki, el deerhound y el borzoi. El mastín, por su parte, dio origen al bulldog, carlino, Terranova, San Bernardo, dogo alemán y al sabueso de San Humberto.

- Respecto al lobo europeo es posible que engendrara al perro pastor, al terrier y al spitz.
- Finalmente, el perro pastor europeo es el antepasado del spaniels.

Por eso, la creencia de que en realidad el perro es una evolución del lobo se confirma cuando se han encontrado algunas pruebas que sitúan al primer lobo domesticado por el hombre hace 12.000 años. Por motivos poco claros, en esa época, tanto el lobo como el perro, estaban ya ampliamente difundidos por todo el planeta y se han encontrado restos de ellos en América, Europa y Asia. Lo que nadie nos ha conseguido explicar es la razón para esa amistad entre perro y humano que aún perdura hoy en día y que no existe con ninguna otra raza, ni siquiera con los simios, nuestros primos hermanos.

Que los historiadores nos hablen de Rómulo y Remo, dos bebés humanos criados parece ser por una loba, nos indica que debe existir un lazo de unión entre el ser humano y el perro imposible de precisar o cuantificar, pero que permanece sólido como hace miles de años.

Indudablemente, hay aspectos en nuestro comportamiento que nos hace similares, aunque también los hay con los simios y nunca hemos conseguido ese mismo lazo de unión. Los perros, y aún más los lobos, estos últimos incomprensiblemente eternos enemigos del hombre, organizan su vida de manera similar a la nuestra, especialmente en su concepto de territorialidad. Al igual que nosotros buscamos tener nuestra vivienda, inviolable para el prójimo, y la defendemos frecuentemente con violencia, los cánidos tienen en su genética emocional el mismo sentimiento intenso.

Hay igualmente otros muchos aspectos de similitud: el lobo suele vivir con la hembra y ambos cuidan a sus cachorros arriesgando su vida para protegerles. También, todos los clanes organizan sus cacerías, la búsqueda de la comida diaria, y cuando tienen que efectuar un ataque están perfectamente organizados. Tienen su propio jefe, no necesariamente al más joven sino el más sabio y con experiencia, y aunque el primero en probar bocado es el jefe, nadie pasa hambre. Vean, pues, la similitud con nuestros banquetes sociales en los cuales el anfitrión es el primero que comienza a comer.

Tanta importancia ha tenido el lobo en nuestra cultura, que a sus dientes, utilizados como amuletos, se le han atribuido poderes contra el mal de ojo. También existe la creencia de que evita las convulsiones en las personas epilépticas, pues para algunas culturas la epilepsia la padecen aquellas personas que han sido hechizadas. Para sentirnos protegidos de estos hechizos hemos de llevar colgado del cuello un saquito que contenga, además de los dientes de lobo, los pelos de un macho cabrío y corniolas, éstas más conocidas por el nombre de cornalinas, unas algas de tallo similar al de algunos musgos, muy gelatinosas y cubiertas de una costra caliza blanca. Las podemos encontrar adheridas a las rocas submarinas.

Djed

Símbolo de estabilidad asociado a Osiris, el cual debía proteger a los muertos en su paso al más allá, y por ello este amuleto era utilizado por los egipcios.

Los antiguos egipcios habían progresado mucho en todos los aspectos, y los pensamientos eran con frecuencia orientados por el shaman del pueblo, en un sistema hipercomplejo de dioses y diosas con un juego de rituales detallados cuidadosamente. Los dirigentes se afianzaron, como se ha hecho a menudo, exigiendo su derecho a gobernar por ser un mandato de los dioses. Este derecho divino de los reyes produjo en el futuro una serie de semidioses, algo así como un buen dios, y el rey se convirtió en el faraón, el dios-rey. Desde que el faraón era ya uno de ellos, este concepto fue impulsado fuertemente por los sacerdotes, pues convertirse de la noche a la mañana en consejero y cuidador de un dios no estaba al alcance de cualquiera. Egipto tuvo en esa época una teocracia firmemente atrincherada, lo que les permitió un progreso material y tecnológico superior a cualquier otro país.

En cualquier época los requisitos de comida en una ciudad son mayores que en un pueblo, y por ello en el antiguo Egipto se confiscó el grano como tributo y se guardó en los graneros reales. Estos graneros simplemente eran edificios de almacenamiento sin ventanas y, como todos los edificios, no estaban a salvo de la invasión de pequeñas criaturas: nuestros viejos amigos los ratones y las ratas. Con todo ese grano apilado en grandes montones los roedores tenían una despensa inagotable y un lugar tranquilo para comer y aparearse, dos cosas a las que todo el mundo nos apuntamos. Pronto esto se convirtió en un problema para el faraón, hasta que se le ocurrió requisar a todos los gatos de la comarca y emplearlos para combatir a los bichos.

Tratando a los gatos como personas, a algunos mejor aún, surgió un problema que ni siquiera el faraón podía resolver. Siendo él un dios, probablemente con sabiduría divina, no podía dedicarse a acariciar y mimar a los gatos más que a su propia esposa, por lo que resolvió el problema de una manera sencilla: desde ese momento todos los gatos de Egipto eran semidioses. Como consecuencia de ello, pronto hubo decenas de miles de pequeños peludos corriendo y ronroneando, tratados como divinidades. Y como en todas las locuras del hombre, estamos seguros que los gatos ignoraron este ascenso suyo en la escala evolutiva.

Dominador

Como definición de dominador conocemos a aquel que domina, o intenta dominar, a una persona o grupo de ellas. Sin embargo, en el campo del esoterismo se le conoce mejor como el talismán «Llave de los Pactos», por su condición de abrir las puertas de ciencias desconocidas. Para que sea eficaz es necesario que la persona poseedora demuestre la fe y méritos suficientes para poseer toda la sabiduría que a través de él le sería otorgada.

Dragón rojo

A esta especie de serpiente con pies y alas y de una gran fuerza, en la tradición egipcia, se le conocía como un talismán relacionado con Salomón.

Como todos los talismanes, requiere del rito adecuado para su elaboración, y para la fabricación del dragón rojo han de utilizarse los siete metales y esperar para construirlo el día en que la conjunción de la Luna y el Sol coincidan con un jueves. Una vez llegado este momento, se han de seguir las siguientes instrucciones: «*Lavarse y perfumarse todo el cuerpo y a la salida del Sol se pronunciará con gran recogimiento las palabras: Adonay, Almanach, Elochay. Se echará en la boca un grano de alcanfor y, puesto en una bolsa de franela roja con una piedra imán, se colocará junto al corazón.*»

También se conoce con el término de dragón la constelación boreal que envuelve a la Osa Menor.

Efesianas

De Éfeso, ciudad de Asia Menor, nos habla el Nuevo Testamento en una de sus epístolas atribuidas a San Pablo. En ella se refiere a la última voluntad de Dios, en la que nos menciona la reunión y salvación en Jesucristo de todos los seres, así como la reconciliación de cristianos, gentiles y judíos en la «morada de Dios».

En otra sección San Pablo nos muestra el papel de la Iglesia como el cuerpo de Cristo e instrumento de Dios para lograr la unificación definitiva de un mundo disgregado.

El término de efesianas no sólo lo reciben las habitantes de Éfeso, sino que se denomina así también a unas recetas originales, que a modo de amuleto se llevaban colgadas al cuello dentro de una bolsa de cuero, las cuales protegían contra los hechizos.

Eleocarpus

Una de las tradiciones de los adoradores del dios Siva consiste en llevar colgados collares y rosarios confeccionados con las semillas de Eleocarpus y una bellota de oro en el centro.

El dios Siva está considerado una de las tres grandes divinidades del hinduismo medieval y moderno, aunque a lo largo de la historia se le ha ido conociendo con diferentes nombres como son: Rudra (rugidor), Mahadeva (gran dios), Nataraja (señor de la danza), Baraiva (el terrible), Sundaresvara (el señor hermoso). Los sivaítas, que así llaman a los adoradores de Siva, realizaban ofrendas en manifestaciones colectivas, y este acto recibía el nombre de Shaivite.

Tanto a Siva como a Visnú, otra de las tres divinidades del hinduismo, se le atribuye un poder total sobre el cosmos, asumiendo así la función de todas las demás divinidades. Para que estas divinidades tuvieran su complemento dentro de la mitología, el primero recibía el apodo de destructor, mientras que Visnú recibía el apodo de protector.

Desde su aparición más antigua, a través de la historia de las religiones indias, Siva ha mostrado diferentes rasgos divinos, a veces paradójicos. Apareció como el asceta que renuncia al mundo, rechazando a la sociedad ortodoxa, eligiendo para vivir y desarrollar su labor lugares salvajes y peligrosos, incluso las zonas de cremación. Con esta imagen austera genera un gran poder con el que consigue una amplia variedad de fines, y éstos podían ir desde lo más erótico a lo más destructivo.

La imagen de Siva más adorada tiene aspecto de linga, un pilar apoyado sobre una base que simboliza el órgano femenino, aunque en otras ocasiones está representado por imágenes antropomórficas, como es el caso de «Nataraja» (señor que conduce el universo hacia la destrucción).

Aunque en su origen el linga está asociado al erotismo y la fertilidad, su representación ha tomado un carácter mucho más amplio.

Escarabeidos

Recibe este nombre un tipo de amuletos utilizado en Egipto, en los que figuraba la imagen de un escarabajo.

Cualquier escarabajo grande (puede alcanzar una longitud de unos 15 cm), de brillantes colores, recibe el nombre común de escarabeido, y de ellos se pueden encontrar más de 12.000 especies diferentes por todo el mundo.

En el antiguo Egipto una importante especie de escarabeido era sagrada para los egipcios, adoradores del Sol, que consideraban al coleóptero un símbolo de la inmortalidad.

Los escarabeidos se dividen fundamentalmente en dos grupos: los conocidos como escarabajos del estiércol, que se alimentan de plantas en descomposición, y los más sibaritas, que sólo se alimentan de plantas jóvenes.

Todos poseen antenas que utilizan como órganos sensoriales y varios cuernos o protuberancias en la cabeza o el tórax que los machos usan para el combate.

La reproducción la realizan mediante huevos, y unos, los llamados escarabajos de junio, ponen huevos blancos en el suelo, mientras que los escarabajos del estiércol o peloteros los ponen en bolas de estiércol, de las que se alimentan las crías.

Esmeralda

La esmeralda es una gema verde variedad del berilo, y en el baremo establecido entre 1 y 10 para definir la dureza de los minerales obtiene la categoría de 8, y un peso específico entre 2,7 y 2,9. En su composición es idéntica a otras variedades de berilo, pero con una cantidad superior de cromo, lo que le proporciona ese color verde brillante.

Desde la antigüedad ha sido un mineral muy apreciado, no sólo por su belleza, sino por la creencia que existe sobre su poder de curación en las enfermedades de los ojos.

En ocasiones se encuentra con un material a modo de penachos, que se denomina seda; esto le da un aspecto de musgo. Las piezas de gran tamaño que no tengan ningún defecto y con un buen color, pueden alcanzar un precio superior al de un diamante de igual tamaño.

Aunque en Siberia se han encontrado buenos ejemplares, ha sido Colombia el país de más importancia histórica, conocido actualmente como el primer lugar productor en el mundo.

Las esmeraldas desde la antigüedad, cuando se extraían sobre todo en Egipto, han sido muchas las culturas que las han utilizado como amuletos o como útil para las ciencias adivinatorias; por ejemplo: para los indios americanos están asociadas con la lluvia, la sangre y todos los símbolos del ciclo lunar. Para ellos la esmeralda es testimonio de fertilidad.

Por el contrario, en el cristianismo estaba unida a las peligrosas criaturas del infierno, y paradójicamente el Apocalipsis la menciona relacionada con el trono de Dios:

«Había un trono colocado en el cielo, y sobre el trono Uno sentado. El que estaba sentado tenía el aspecto de una piedra de jaspe y sardonio; alrededor del trono un arco iris parecido a la esmeralda» (4;2-3).

Para los aztecas era el símbolo de la primavera, y la asociaban al pájaro quetzal, de largas plumas verdes, similares al color de la esmeralda.

En litomancia, simboliza el fortalecimiento del amor, la fidelidad y la constancia, ingredientes que no han de faltar para que exista una buena relación.

En astrología está asociada al signo de Tauro, el cual comparte con el alabastro, el ágata y el coral blanco. En él confluyen la fecundidad, el instinto y la solidez. Se la relaciona con el elemento tierra y con la estación de la primavera.

En geomancia se corresponde con la figura de Conjunctio, el elemento tierra y con el miércoles como día de la semana.

Estrella mística

Se denomina estrella mística al método adivinatorio más antiguo que se utiliza para leer las cartas, mediante las que se predice el futuro del consultante. Esta baraja consta de veintisiete naipes más la carta que representa al consultante. La forma de consulta se realiza de la forma siguiente: se hacen tres cortes en la baraja y se coge una carta de cada uno de ellos; éstas se apartan y con las veinticuatro restantes se forman grupos de tres. Con ellas se realiza una circunferencia alrededor del consultante, y se van leyendo las cartas de los grupos uno a uno, en dirección inversa a las agujas del reloj.

Este amuleto, descrito en *La clavícula de Salomón*, es uno de los talismanes más deseados, pues existe la creencia de que quien lo posea tendrá el poder de hacerse amar locamente, y así su enamorado/a sentirá tantos deseos de demostrar su amor que le colmará de regalos, dinero, cariño, etcétera.

Si el lector está muy interesado en fabricarse un amuleto así, deberá seguir las siguientes indicaciones: ha de esperar un domingo de primavera, cuando el Sol aparece en el horizonte, y en ese momento ha de comenzar su trabajo. Se toma un pergamino virgen y en él se trazan dos circunferencias, una dentro de la otra, y en el espacio libre entre ambas se escriben las palabras siguientes: «*Gloria et dinitia in domo ejus et justitia ejus manes in saeculum.*» Después de esto, en el centro, se trazan dos triángulos entrelazados, formando la estrella mística. Una vez finalizado el dibujo, se perfuma el pergamino, con el aroma que resulta de quemar laurel, heliotropo y almizcle, a la vez que colocando la mano derecha sobre el pergamino se realiza esta conjuración: «*Caput mortuum. Impee tibi Dominus poervivum et devotum serpentem. Cherub, impere tibi dominus per adam-iotchavari, aquila errans, impetibi dominus per alas taurii serpens, imperet tibi dominus Tetragrammaton per Angelum et Leonem.*»

Una vez terminado el conjuro, se guarda en una bolsita de seda amarilla, que se ha de llevar colgada al cuello continuamente.

Si elaborado el amuleto no se obtienen los resultados esperados, hemos de mirarnos al espejo y analizar en qué estamos fallando, pues en el amor no se puede dejar todo en el poder de un talismán.

Fady

Los habitantes de la isla de Madagascar, en el sudeste de África, en el océano Índico, aún mantienen la creencia de que determinados objetos tienen el poder de alejar los malos espíritus de su pueblo e incluso de cada una de las personas.

Los malgaches, que así se llaman los naturales de la isla de Madagascar, utilizan para estos amuletos un trozo de madera o caña, pero es imprescindible, para que el amuleto funcione, que haya sido designado por un hechicero a través de un consejo o «sidiki», como ellos lo denominan.

Figa

En la comunidad autónoma española de Asturias, situada al este de Galicia, al norte de Castilla y León y al oeste de Cantabria, la figa ha sido y sigue siendo uno de los amuletos más utilizados y tradicionales, siendo considerado como un buen talismán que contrarresta las influencias malignas.

Este amuleto, originalmente realizado en madera negra, representa una mano izquierda en la que el dedo pulgar se coloca entre el dedo índice y corazón sobresaliendo entre ellos. Su tamaño varía, al igual que los materiales con los que se fabrica en la actualidad.

Existe la tradición de colgar una figa o higa, nombre con el que es conocido en otras zonas, hecha de azabache, del cuello de los niños pequeños, pues con ello se pretende protegerles del mal de ojo.

Al igual que numerosas muestras de pinturas rupestres legadas por las poblaciones primitivas, el uso de los amuletos ha sido heredado en Asturias. Se desconoce si serían los celtas, o sus siguientes pobladores los astures, o si fueron los romanos durante su dominación quienes hicieron este legado a la zona; lo que sí es cierto es que en la actualidad no hay comercio en la región donde no podamos encontrar una figa y llevárnosla como amuleto.

Filacterias

Las filacterias, palabra original del griego *phylakterion* que significa amuleto, son unas pequeñas cajas negras hechas de pergamino o vitela, utilizadas en la antigüedad por los judíos. La vitela es una piel de vaca o de ternera, adobada y pulida para su uso.

En estas pequeñas cajas se guardaban trozos de pergamino con pasajes de las Escrituras, donde se menciona la orden que el Señor dio a Israel diciendo: «*Atar mis palabras como un signo sobre tu mano*» y «*como banda entre tus ojos*». De ahí proviene la costumbre de llevar estas pequeñas cajas atadas sobre la frente o al brazo izquierdo con tiras de cuero negro. Esta interpretación rabínica fue entendida como un mandamiento, y por ello figura como texto escrito en los pergaminos.

Las filacterias, llamadas en hebreo «tefellin», son portadas por los varones adultos durante sus oraciones matutinas, acto que se realiza todos los días de la semana a excepción de los sábados y los días festivos.

Ningún varón puede portar este amuleto, según la tradición judía, hasta que se le impone por primera vez durante un rito que ellos denominan «Bar Mitsvá», señalando así su mayoría de edad.

Gamahe

El gamahe es una piedra utilizada como talismán, en la que se plasma un dibujo similar al empleado en la cábala, y cuanto más perfecta sea la reproducción, existe la creencia de que más poderes tendrá el talismán y más virtudes podrá otorgarnos.

Para los judíos y algunos cristianos la cábala es la interpretación de las Sagradas Escrituras, pero también conocemos con este término los cálculos supersticiosos utilizados para adivinar algo, o la parte adivinatoria dentro de las ciencias ocultas.

Para los cabalistas es Agamenón, rey de Micenas según la mitología griega, el prototipo del hombre que se ve influido por el sol.

Granate

Recibe este nombre un grupo de minerales usados como gemas dentro de la litomancia.

Simboliza la lealtad y la sinceridad en los sentimientos, y es utilizado como amuleto por los viajeros, considerándosele como la mejor piedra para los nacidos bajo el signo de Escorpión y de Aries.

Los granates, al igual que los diamantes, cristalizan en el sistema cúbico, y entre sus variados colores podemos encontrar prácticamente todos excepto el azul, aunque los más comunes son las piedras de color castaño, rojas, verdes, amarillas, negras e incoloras.

Las que tienen tonos oscuros suelen ser opacas, y las de tonos más claros son transparentes y translúcidas. En el baremo establecido para medir la dureza de los minerales, los granates se encuentran entre 6 y 7,5, y con un peso especifico de 3,6 a 4,3.

El granate más usado como gema tiene un rojo rubí muy apreciado, al que se le denomina «piropo».

Habichuela

Esta legumbre conocida con el nombre de judía o faba, según algunas regiones, ha sido utilizada como amuleto dentro de la santería. Los practicantes del vudú utilizan tres tipos diferentes de amuletos, hechos con habichuelas:

- Habichuela afortunada.
- Habichuela del deseo.
- Habichuela olorosa de la buena suerte.

La habichuela afortunada da buena suerte y protege de los maleficios, pero solamente si se lleva dentro de una bolsita de franela de color rojo.

La habichuela del deseo se realiza de la misma forma que la habichuela de la fortuna, pero es algo más completa, pues no sólo protege contra los maleficios, sino que, además, permite obtener lo que se desea.

Para que la habichuela olorosa de la buena suerte sea efectiva y cumpla con su fin, que es atraer la buena suerte y otorgar ganancias financieras, es imprescindible que se elabore la bolsa con tela de gamuza.

Hert

El pueblo árabe, que constituye la mayoría de la población de Arabia Saudí, Siria, Yemen, Jordania, Líbano, Irak, Egipto y los países norteafricanos, representa el símbolo principal de una unidad cultural. Aunque su mayor vínculo se encuentra en el islam, religión occidental que nació en la península Arábiga, son muchas las tradiciones y costumbres comunes con las que se identifica.

Entre los múltiples amuletos y talismanes utilizados por los árabes se encuentra el hert, un talismán que se realiza con pergamino, dándole la forma que cada uno desee. De esta manera se obtiene su acción protectora.

Hexagrama

Figura plana formada por dos triángulos equiláteros iguales, que superpuestos, uno con el vértice hacia arriba y el otro con el vértice hacia abajo, forman un hexagrama o estrella de seis puntas.

Esta representación simbólica, una de las más extendidas por todo el universo, ha sido utilizada como amuleto con el nombre de «estrella de seis puntas» o «sello de Salomón». Para los magos de la Edad Media fue uno de los signos más apreciados, ya que lo consideraban el signo de la perfección, aunque para que tuviera este significado uno de los triángulos tiene que estar pintado de blanco, cubriendo parcialmente al otro, que debía estar pintado de negro.

En el *Libro de los cambios* o el «I Ching», como es llamado por los chinos, los hexagramas son un conjunto de combinaciones de seis en seis, basados en el Yin y el Yang, que configuran las bases para la interpretación y la adivinación.

Higa

Además de utilizarse como talismán en todos los pueblos del norte de España, para combatir las influencias malignas, este pequeño colgante con forma de puño es un gesto realizado con la mano como acto de burla o desprecio.

Una pequeña higa fabricada en azabache suele ser colgada del cuello de los niños pequeños para protegerles del mal de ojo. También se le denomina figa.

Huevo de serpiente

Plinio el Viejo, escritor y enciclopedista romano, considerado como la máxima autoridad científica de la

Europa antigua, hace mención a este talismán galo, como símbolo del huevo cósmico. Aunque en su nombre hace referencia a la serpiente, lo cierto es que estaba fabricado con un erizo de mar fosilizado.

Ibn Jaldún

Su nombre completo es « Abu Zayd 'Abd al-Rahman ibn Jaldún» y fue el más destacado historiador, filósofo y sociólogo árabe del siglo XIV; vivió setenta y cuatro años, concretamente durante el período 1332-1406.

Gran conocedor del poder de los amuletos y talismanes, en su libro *Historia de los árabes en España* menciona el uso de ellos diciendo textualmente:

«Contemplando algunos de los signos grabados en los pergaminos que hacían las veces de talismanes, conseguían alcanzar una conciencia física fuera de lo normal, llegando a un estado psíquico en que se podían comunicar con el más allá.»

Conocido también con el nombre de Abenjaldún, nació en Túnez en el seno de una familia árabe-española, el 27 de mayo de 1332. A lo largo de su vida ocupó destacados cargos en las cortes de Túnez, Argelia y Marruecos, y hasta llegó a ser embajador en el reino nazarí de Granada durante el reinado de Pedro I «el Cruel».

Durante este período fue encarcelado dos veces, hasta que en 1375 se retiró durante cuatro años a Argelia, período durante el cual escribió el *Muqaddimah,* como prolegómeno a su gran libro *Kitab al-Ibar* (Historia Universal).

Formó parte de la cátedra en la universidad islámica de El-Azhar, cargo propuesto por el sultán de El Cairo en uno de sus peregrinajes a la Meca, y por este mismo sultán fue nombrado juez del rito islámico «malikí». Falleció en El Cairo el 17 de marzo de 1406.

Itafalias

Para los pueblos latinos existía la tradición de colgar este amuleto a todos los niños, pues existía la creencia de que este amuleto poseía virtudes que les protegían del mal.

Jacinto

Esta planta de flores acampanadas de diversos colores, perteneciente a la familia de las liliáceas y originaria de Asia Menor, tiene el poder de retrasar la pubertad, según un escrito del siglo XVI, en el que se describe: *«El jugo de la raíz de jacinto impide el desarrollo del sistema piloso y hace retrasar la pubertad.»*

Sus hojas son radicales, acanaladas, y sus olorosas flores pueden ser blancas, azules, rosáceas o amarillas, siendo enero el mes en que florecen los bulbos.

Con el nombre de jacinto también se conoce una variedad roja del circón, silicato nativo de circonio, utilizado éste en la antigüedad como amuleto contra la peste. Como la mayoría de los amuletos, se llevaba colgado del cuello.

El ocultista Cornelio Agrippa dijo del jacinto: *«El jacinto tiene también del sol una virtud contra el veneno y los vapores de la peste; vuelve a quien lo lleva seguro,*

agradable o gracioso; contribuye a la obtención de rique-
zas e inteligencia; fortalece el corazón cuando se tiene en
la boca y alegra mucho la mente.»

Quizá fuera como consecuencia de este escrito la razón
para que se le atribuyeran las facultades de ser fortificador
del corazón, ser capaz de preservar del rayo y aumentar la
riqueza, el honor, la prudencia y la sabiduría.

Por ultimo, dentro de la mitología griega, tenemos otro
Jacinto, un joven espartano amado por Apolo, dios del
Sol, y por el dios del viento, Céfiro. Cuenta una leyenda
que un día, el enamorado Apolo enseñaba a lanzar el disco
al joven Jacinto, cuando por accidente el dios Apolo mató
al joven con el disco. De su sangre, el atormentado Apolo
hizo brotar una flor con una exclamación de lamento en
cada pétalo.

Jade

El jade es una gema formada por silicato de sodio y
aluminio, compacta, opaca y con una gama de colores que
van del verde oscuro al blanco.

Dentro de la simbología china se le atribuye el poder de
tener cierta esencia de inmortalidad, y por este motivo
aparece en los dibujos chinos unido a dragones y tigres.

Forma parte de los minerales llamados piroxenos,
encontrándose en su composición pequeñas cantidades de
hierro, calcio y magnesio. En el baremo establecido para
calificar la dureza de los minerales obtiene la categoría de
6,5 y 7 y una densidad relativa entre 3,3 y 3,5. Cristaliza
en el sistema monoclínico, con un lustre mate y ceroso,
pero cuando se pule se vuelve vítreo.

Se encuentra principalmente en el este de Asia, en zonas del Tíbet y en China Oriental. Para los chinos es símbolo de perfección y el emblema de las cinco virtudes más trascendentales: benevolencia, transparencia, sonoridad, inmutabilidad y pureza. También lo asocian con el principio masculino y el elemento seco, lo que ellos relacionan con el yang.

Confucio, filósofo chino, creador del confucianismo y una de las figuras más influyentes de China, hablaba del jade diciendo que es el receptáculo de la mayor parte de las cualidades morales, entre las que hay que destacar: bondad, prudencia, justicia, urbanidad, armonía, sinceridad y buena fe.

El jade fue utilizado en la antigüedad para fabricar armas, utensilios y adornos, y en la fabricación de hachas por los nativos de las islas del mar del Sur. En China y en Japón siempre ha sido valorado como una de las piedras más preciosas, y podemos encontrar los más bellos ejemplares esculpidos, como jarrones, vasijas, placas y estatuas, que hoy son piezas de museo.

La teoría de los alquimistas chinos afirmaba que el jade se formaba en la matriz de la tierra, y esto se producía con la maduración del embrión de la piedra, lo que ellos identificaban con el oro.

El término de «chalchihuite» era utilizado por los antiguos mejicanos para denominar cualquier piedra verde, lo mismo si era jade o jadeíta, otra variedad del jade.

Para ellos el jade era símbolo del agua y de la germinación vegetal; por este motivo, junto con el agua los sacerdotes ofrecían al dios partículas de jade. También, y por este mismo motivo, introducían una piedra de jade en la boca de los muertos, con el ánimo de que no les faltara provisión durante tan largo viaje.

Jaspe

El jaspe, una variedad opaca de cuarzo, es utilizado como gema una vez que se ha pulido. Las impurezas que posee le tiñen de diversos colores, como son: rojo, verde, amarillo o azul.

El jaspe más utilizado es el de color verde, el cual simboliza el apogeo de la juventud, al igual que la tradición cristiana que lo menciona con lo eterno.

San Juan, en el *Apocalipsis*, hace referencia al jaspe, mencionando la aparición del Eterno sobre un trono, diciendo: *«Como una visión de jaspe verde o cornalina».*

Dependiendo de la disposición de los colores, se puede determinar la procedencia del jaspe, ya que en el jaspe siberiano aparece una variedad con bandas alternadas de rojo y verde; el jaspe egipcio es moteado con los colores amarillo o castaño, y cuando los colores están dispuestos en bandas, recibe el nombre de cinta de jaspe.

Jet

El jet es utilizado como talismán asociado con el culto de Osiris, por los egipcios. Osiris es una de las principales divinidades en la mitología egipcia, que representaba a las fuerzas masculinas y productivas de la Naturaleza. Era hermano y marido de Isis, diosa de la Tierra y la Luna, y ésta representaba las fuerzas femeninas y productivas de la Naturaleza. La leyenda cuenta que fue asesinado por

Set, su malvado hermano, cortando su cuerpo en trozos pequeños y dispersándolos, pero Isis recogió sus fragmentos y cada lugar donde los fue enterrando es venerado como suelo sagrado.

Kenne

Recibe este nombre un amuleto utilizado en la antigüedad que consistía en una piedra muy preciada que se generaba en el ojo de un ciervo. A él se le atribuía un efecto protector contra los venenos.

Kiso

Los habitantes de Madagascar, nación insular del sudeste de África, llamados malgaches, utilizaban el kiso como fetiche contra todo tipo de dolencias y para prevenir intoxicaciones y envenenamientos.

Lapislázuli

Esta roca azul utilizada desde la antigüedad con fines decorativos era considerada como piedra semipreciosa y símbolo cósmico de la noche entre los sasánidas, dinastía persa fundada en el 226 d.C. por Ardachir I, rey vasallo persa, que se rebeló derrotándoles en la batalla de Ormuz.

Debe su color a que está compuesta en gran parte por un mineral azul llamado azurita, con pequeñas cantidades de calcita, piroxeno y otros silicatos. Puede variar entre el azul celeste y el azul verdoso. En el baremo establecido para designar su dureza se la califica entre 5 y 5,5 y una densidad entre 2,4 y 2,45.

Entre los sasánidas y los habitantes de la América precolombina, también era conocido con el nombre de cianea.

Desde la antigüedad ha sido utilizado en obras de incrustación, como es la confección de mosaicos, así como en jarrones y para adornos esculpidos. También existe una imitación del lapislázuli que se obtiene con cuarzo cortado y teñido; a éste se le denomina laspis sucio.

Entre los musulmanes, era utilizado como talismán contra el mal de ojo, por lo que solían colgar una pequeña piedra de lapislázuli del cuello de los niños. Entre los egipcios fue conocido como el «jesbedj» y utilizado como talismán, pues para ellos simbolizaba la juventud y la energía vital.

Alberto Magno decía del lapislázuli que curaba la melancolía.

Mamacuna

Ni las islas Molucas, situadas en la parte oriental de Indonesia y que forman parte del archipiélago malayo, se han visto libres del uso de amuletos. Estas islas, también conocidas con el nombre de islas de las Especias, incluyen la mayoría de las islas que se encuentran entre las islas Célebes y Nueva Guinea, y entre la isla Timor y Filipinas. El nombre de islas de las Especias le viene por su dedicación a la exportación de clavo, nuez moscada y otras especias. Cuentan con una extensión, entre todas las islas, de 74.500 Km² y su población está alrededor de 1.900.000 habitantes, gran parte de ellos de origen malayo.

Allí existe el mamacuna, un amuleto con forma de brazalete utilizado por los indígenas de estas islas, al cual se le atribuyen poderes de protección para el individuo.

Menat

Como hemos podido ver a lo largo de este libro, los egipcios han sido uno de los pueblos más importantes en la cesión de esta tradición, siendo muy perseverantes en el uso de amuletos y talismanes.

El menat, como tantos otros, era un amuleto egipcio pintado con inscripciones de sortilegios protectores, pero que a diferencia de otros amuletos se llevaba colgado al cuello, cayendo sobre la espalda.

Obsidiana

Los aztecas, pueblo que dominó el centro y sur de México, desde el siglo XIV hasta el XVI, asociaba esta piedra con el frío, la aridez y la sequía. Su vasto imperio, a pesar de estar totalmente organizado, fue destruido por los conquistadores españoles ayudados por sus aliados mejicanos.

Para cauterizar las heridas se empleaba los polvos de obsidiana, pues circulaba un dicho entre este pueblo que decía que, al igual que la obsidiana podía abrir una herida, también podía cerrarla.

Esta piedra, verde y muy dura, se encuentra en zonas volcánicas y desérticas, siendo utilizada por su dureza en las culturas precolombinas para la fabricación de los cuchillos que empleaban en los sacrificios.

Olis

Los sacerdotes de Madagascar, nación insular del sudeste de África, muy arraigada en el uso de objetos protectores, daban olis a los habitantes de las aldeas, y de esta forma creían que les protegían de las desgracias.

Olivo

El olivo, árbol perteneciente a la familia de las oleáceas, es cultivado principalmente para la obtención de sus frutos, las aceitunas. Apreciado desde hace tres mil años, tiene su origen en el acebuche, olivo silvestre con espinas y de menor talla que el cultivado.

El olivo es uno de los árboles que más abunda en los países mediterráneos, adaptándose con facilidad a cualquier tipo de suelo, ya sean peñascos o zonas secas, pudiendo llegar a medir hasta diez metros de altura y, a diferencia del acebuche, sus ramas no presentan espinas y sus frutos tienen un mayor tamaño. Las aceitunas pueden utilizarse para el consumo una vez lavadas varias veces con agua y sosa cáustica, y aliñadas con sal y plantas aromáticas, como el tomillo, imprescindible en su condimentación. Su destino principal es la obtención del aceite, utilizado para cocinar o en farmacia.

Según la mitología grecolatina, fue un árbol consagrado a Atenea, Júpiter y Minerva, aunque no fueron los únicos que vieron en el olivo un árbol sagrado, pues los judeo-cristianos los convirtieron en símbolo de paz. Para los japoneses simboliza la amabilidad, y para los chinos la madera del olivo tiene poderes para controlar venenos y pócimas, por lo que es utilizada como componente de algunos filtros.

La paloma portando una rama de olivo en su boca indica en las Sagradas Escrituras el fin del Diluvio.

En el islam, es mencionado como símbolo del hombre universal en el «aleya», libro fundamental de la religión musulmana, y éste contiene las revelaciones que Mahoma dijo haber recibido del arcángel Gabriel por mandato de Dios; en él aparece escrito:

«Dios es la luz de los cielos y de la tierra. El ejemplo de su luz es como el de un nicho en el que hay una lámpara; la lámpara está en un fanal; el fanal es como una estrella brillante. Esa lámpara está alimentada por el aceite de un árbol bendito, el olivo, que no es oriental ni occidental, cuyo aceite alumbra aunque no lo toque el fuego. Es luz sobre luz. Dios conduce hacia su luz a quien le place, Dios ejemplifica a los humanos; porque Dios es omnisapiente.»

En el Horóscopo Celta representa la sabiduría, siendo uno de los veintiún árboles utilizado en la composición de estos horóscopos, correspondiéndose con el 23 de septiembre.

Ónice

Este mineral, compuesto por bandas de calcedonia y ópalo, está considerado como símbolo de la discordia, dato que habrá que tener en cuenta a la hora de regalar un colgante, si queremos conservar la amistad de la persona a la que se lo regalamos.

En la India y Persia, al contrario que en otras culturas, es utilizado como talismán contra el mal de ojo, y también como gema para camafeos.

Sus bandas rectas y paralelas suelen alternar los colores blanco y negro.

Ópalo

Este mineral compuesto por sílice hidratado, más blanco y menos denso que el cuarzo, tiene una dureza entre 5,5 y 6,5 y una densidad entre 1,9 y 2,3.

Su gama en colores va desde el blanco al negro y en su transparencia puede ir desde el más transparente al más opaco, y aunque existen otros muchos colores, éstos son los más usados. Los ópalos de mayor calidad lucen brillantes colores formados por diminutas fisuras en las que se va depositando y endureciendo el ópalo adicional; con frecuencia esto provoca una interferencia de luz que causa un bonito juego de colores.

Está considerado como la piedra que alegra el corazón, dando la protección al que lo lleva para no morir envenenado. En otras culturas existe la superstición de provocar mala suerte a sus dueños, a pesar de lo cual no ha impedido que se use como gema.

Dependiendo de su color, recibe los nombres de:
• Gema, si son blancos o negros.
• De fuego, los que tienen un color rojo encendido.
• Girasol, el que amarillea sin destellos.
• Arlequín, el que posee manchas uniformes de colores y lechosas.
• Noble, el que es casi transparente.
• Aquellos ópalos que en sus fisuras tienen una materia similar al musgo, se denominan ópalos musgosos.

Paquet

El paquet es un amuleto utilizado en el ritual vudú, fabricado con flores muy variadas y especias.

El vudú es una creencia religiosa que combina elementos del cristianismo primitivo, del catolicismo y de otras religiones de África occidental, utilizado mayoritariamente en Haití, aunque también está divulgado por Cuba, Brasil, Trinidad y el sur de Estados Unidos.

El dios venerado en el culto vudú es el «Bon Dieu», siendo éste su dios principal, pues luego, dependiendo del país, tienen los «loa». Éstos son dioses de tribus africanas identificados con santos del cristianismo. Otros datos en los que se aprecia el uso de elementos católicos son la utilización de las velas, campanas, cruces y oraciones, así como en la forma de realizar el ritual, siempre dirigido por un sacerdote al que ellos denominan «houngan», o una sacerdotisa llamada «mambo». Al igual que en las costumbres católicas se practican el bautismo y el signo de la señal de la cruz.

Durante la celebración de estos ritos los «loa» son invocados con tambores, bailes, cantos y banquetes. Cada uno de los participantes se comporta de acuerdo al espíritu por el que es poseído, y mientras este estado de trance dura, se dice que es capaz de realizar curaciones y dar sabios consejos.

Pentáculo

Este amuleto oriental consiste en dos circunferencias concéntricas, con signos escritos en el interior. De ellos se dice que quien los posea dispondrá de la energía suficiente para evocar a cualquier espíritu, y así librarse de actuaciones malignas.

Según menciona uno de los libros más famosos de evocación, como es *La clavícula de Salomón*, suelen estar unidos con los planetas, y también se dice de ellos que pueden atender la invocación de un demonio que intente ayudar al evocador, tal como menciona el Papa Honorio en su Grimorio:

«Gobernados por el poder del pentáculo, todos los espíritus obedecerán sin poner obstáculos y en cualquier momento. Si llevas encima este poderoso talismán te convertirás en intocable, porque cada cosa creada sentirá horror ante los nombres y de los signos sobre este tratado» (Salomón).

Aunque en muchos grimorios aparecen numerosos pentáculos dibujados, lo normal es que se fabriquen en metales preciosos, como son el oro y la plata, aunque también se construyen en hierro, cobre y plomo.

Otro método de utilizarlos es dibujando los círculos en el suelo y colocándose el evocador en el centro de ellos.

Los pentáculos más importantes y conocidos son:

• Pentáculo del Sol

Ha de estar fabricado en oro, y los actos más conocidos que permite son:
— Concede honores y poder.
— Sirve para liberarse de presiones psíquicas y amenazas físicas.
— Permite obtener gran poder, hasta el punto de que todas las criaturas de la tierra le obedezcan.
— Concede el poder de pasar a otro lugar instantáneamente.
— Concede el poder de volverse invisible.
— Permite la aparición de espíritus que ayuden al evocador.
— Permite obtener fuerza y prestigio.

• Pentáculo de la Luna

Ha de estar fabricado en plata, y los actos que permite son:
— Concede el poder de abrir y acceder a cualquier cosa que esté cerrada.
— Evita cualquier peligro que pueda estar producido por el agua.

• Pentáculo de Mercurio

Indistintamente se fabrica en oro o en plata. Permite:
— Aumentar el poder de cualquier operación mágica.

— Aumentar el poder de las percepciones psíquicas.

• Pentáculo de Venus

Ha de estar fabricado en cobre.
— Concede ayuda en el arte y los honores.
— Favorece la felicidad en el amor.
— Hace que la persona deseada se fije en el evocador.
— Permite conquistar el amor de una mujer.

• Pentáculo de Marte

Ha de estar fabricado en hierro.
— Ayuda a destruir a los enemigos.
— Con él se asegura la victoria en la batalla.
— Ayuda a someter a los demonios.
— Permite al evocador hacerse invisible.
— Ayuda a gobernar legiones de espíritus.
— Puede llegar a desencadenar una tempestad contra el enemigo.
— Protege contra las enfermedades.

• Pentáculo de Júpiter

Ha de estar fabricado en estaño.
— Ayuda a descubrir tesoros y encontrar personas y objetos perdidos.
— El portador estará protegido de los demonios, e incluso le obedecerán.
— Ayuda a enriquecerse.
— Hace ganar riquezas inesperadas.

— Concede inteligencia y videncia.

— Evita los peligros mortales.

- **Pentáculo de Saturno**

Ha de estar fabricado en plomo.

— Somete a los espíritus evocados.

— Ayuda a pactar buenos negocios.

— Puede volver loca a la persona que deseemos el mal.

— Puede provocar terremotos.

— Puede provocar la ruina y la muerte.

— Es usado contra sublevaciones populares.

— Se utiliza en todo tipo de evocación nocturna.

Perla

La perla es una concreción de carbonato cálcico producida por algunos moluscos bivalvos, y se forma cuando se introduce en ellos algún cuerpo extraño, siendo considerada como una piedra preciosa.

Su composición, casi en su totalidad, es de nácar, sustancia que se produce en el interior de las conchas de las ostras. Se trata del molusco más conocido en la secreción de perlas, las cuales se forman a través del crecimiento anormal que provoca la presencia de un material ajeno en el cuerpo del molusco, incluso un simple grano de arena. La respuesta del molusco a la presencia de este cuerpo extraño es segregar capas de nácar alrededor de la partícula extraña, para evitar la irritación. La perla que se genera puede adoptar diversas formas, pero las más apreciadas son las esféricas. En ocasiones al abrir la concha la perla queda partida por la mitad, recibiendo entonces el nombre de botón de perla, pero cuando la perla adopta una forma irregular se denomina perla barroca.

Las podemos encontrar en los colores blanco, negro, crema y rosado, pero el color preferido es el blanco; en joyería, además, reciben nombres diferentes en función de su forma. Existen puntos marinos específicamente productores de perlas, pero también se dan las perlas de agua dulce.

Podemos encontrar zonas pesqueras de perlas marinas en América del Norte, México, golfo de Panamá, las Antillas, las islas del Pacífico Sur, las costas de la India y Japón, pero las más valiosas son las extraídas en el golfo Pérsico. En cuanto a las perlas de río, tienen su mayor punto de origen en China.

A partir de 1920, las perlas han pasado a ser cultivadas por el hombre, y este proceso se realiza introduciendo en la ostra una cuenta de nácar de pequeño diámetro. Pasados unos años, la ostra habrá depositado sobre ella capas de nácar, obteniendo así una perla de mayor tamaño. Estas perlas cultivadas sólo son diferenciadas de las naturales por los grandes expertos.

Existe otro tipo de perlas de una calidad muy inferior, que son las perlas artificiales, aunque éstas son totalmente sintéticas y casi siempre fabricadas en cristal.

Esta técnica, que se originó en Japón, ha ido extendiéndose por todo el mundo, aunque sigue siendo para Japón la actividad industrial más importante.

En astrología está asociada al signo de Géminis. Para los chinos representa uno de los ocho emblemas que simboliza el genio de la oscuridad, y por su forma de aparecer escondida en una ostra se la asocia a la feminidad creadora, por lo que representa el principio Yin.

Para los griegos, estaba considerada símbolo del amor y del matrimonio.

En el Atharva Veda está asociada al símbolo de la inmortalidad, y entre sus seguidores recibe el nombre de «hija de Soma».

Pez

Este animal se ha utilizado como representación simbólica de la alquimia y de ciertas religiones antiguas. La alquimia, técnica practicada para descubrir la sustancia mágica que cambiaría cualquier metal en oro o plata, comenzó a utilizarse en la Edad Media; nació en el Antiguo Egipto, aunque donde floreció realmente fue en Alejandría. Podemos decir que fue la predecesora de la ciencia química moderna. El suizo Paracelso, perteneciente al siglo XVI, fue el más famoso de todos los alquimistas.

Su símbolo, un grifo mitad águila y mitad león, representa la combinación de materias volátiles y fijas que ellos utilizaban, y se encuentra relacionada con el pez que aparece dentro de la iconografía cristiana.

En la India, forma parte de la figura que representa a Varuna, dios del mar y de las aguas, quien aparece sentado sobre un pez. Pero no para toda la India era símbolo del agua, pues para los indios precolombinos era el símbolo del dios del maíz.

Figuraba como alimento prohibido para todos los faraones, reyes y sacerdotes de la época egipcia.

Fue utilizado por Jesucristo para calmar el hambre de todos sus seguidores, cuando, unido con el pan, y contando solamente con dos peces y cinco panes, lo multiplicó y dio de comer a todos. A partir de este momento, el pez formó parte de la iconografía cristiana, siendo representado de diferentes formas:

- Un pez solo en un plato simboliza la Eucaristía.
- Un pez con un barco en el dorso simboliza a Jesucristo y su Iglesia.
- Si aparece un pez pintado solo, simboliza a Jesucristo.

El pez también ha sido considerado como amuleto y de él se dice que una cola de pez pegada con saliva en la esquina de una habitación cura el dolor de muelas; si está pegado fuera de la habitación, sirve para alejar todos los maleficios.

Son muchas las expresiones populares en las que se utiliza la palabra pez para definir una situación determinada, por ejemplo:

- Estar pez: Cuando un estudiante no sabe nada de una materia concreta.
- Se mueve como pez en el agua: Situación en la que alguien se desenvuelve con soltura; también cuando alguien se encuentra rodeado de comodidades.
- Pez austral: Constelación austral, próxima al polo.
- Picar como un pez: Situación en la que alguien se deja engañar por otra persona.

- Es un pez gordo: Cuando queremos definir a una persona de mucha importancia o acaudalada.
- Reírse de los peces de colores: Término con el que definimos la poca importancia que nos produce un acto propio o ajeno.
- Salga pez o salga rana: Situación de la que no sabemos las consecuencias por haberla iniciado casi a ciegas.
- Salga pez o salga rana, a la capacha: Define a aquellas personas a las que su ansia les hace recoger todo lo que encuentran, aunque no valga para nada.
- También se denomina pez una pieza de carne similar al solomillo.

Piedras preciosas

Se denominan piedras preciosas aquellas piedras raras, finas, duras, transparentes, o al menos translúcidas, que talladas y pulidas son utilizadas como adornos de lujo en joyería.

En el lapidario, la ciencia que se encarga de analizar las piedras preciosas, pues cada una tiene un significado especial y en ellas se buscan remedios a través de los amuletos y talismanes.

En astrología, cada piedra está asociada a un planeta y con un signo zodiacal.

A continuación, se describe la tabla donde el lector podrá identificar la piedra asociada a su signo:

PIEDRA	PLANETA	SIGNO ZODIACAL	METAL
Zafiro	Urano	Acuario	Oro
Amatista	Marte	Aries	Cobre
Perla	Luna	Cáncer	Plata
Piedra negra	Saturno	Capricornio	Plomo
Topacio	Marte	Escorpión	Hierro
Granate	Mercurio	Géminis	Mercurio
Rubí	Sol	Leo	Oro
Cuarzo	Venus	Libra	Cobre
Cornalina	Neptuno	Piscis	Estaño
Turquesa	Júpiter	Sagitario	Estaño
Esmeralda	Venus	Tauro	Hierro
Jaspe	Mercurio	Virgo	Mercurio

Piripiris

Corría el año 1100 d.C. y las tribus que habitaban la zona sur de la Cordillera Central de Perú comenzaron a esparcirse hasta ocupar el valle de Cuzco: eran los incas.

Inca es el nombre que recibían los gobernantes de Cuzco, y esto era tanto como decir el soberano. Sus desplazamientos les llevaron a conseguir un gran imperio por todos los Andes, aunque fue en el siglo XV cuando se realizó su consolidación política. Desde entonces crearon una cultura y un período, denominado Inca. Durante el período de su dominación la religión tuvo un papel relevante, con su dios supremo Viracocha, creador y señor de todo, aunque contaban con otras deidades como: Pachacamac, dios de la creación y la vida; Inti, dios del Sol;

Mamaquilla, diosa de la Luna; Pachamama, diosa de la Tierra; Ilapa, diosa del rayo y la lluvia.

Frecuentemente realizaban ceremonias y rituales en los que se sacrificaban animales como ofrenda a los dioses. La finalidad de estas ceremonias estaba relacionada con cuestiones agrícolas y de salud, pues una de sus fuentes de supervivencia era la agricultura, siendo los cultivos más importantes la papa y el maíz, además del cacao, la chirimoya, la papaya, el tomate y el fríjol.

En sus ritos era frecuentemente utilizado un talismán denominado piripiri, fabricado con varias plumas, y que era utilizado para asegurar una buena cosecha, una buena caza y derrotar al enemigo.

Pero fue el conquistador español Francisco Pizarro, ayudado por distintos grupos de indígenas cansados ya de la dominación inca, quien logró controlar el imperio haciendo prisionero a su jefe Atahualpa, el cual fue procesado un año después.

Rizotrogo

En el antiguo Egipto, esta importante especie de escarabeido era sagrada para los egipcios, adoradores del Sol, que consideraban al coleóptero un símbolo de la inmortalidad.

Los rizotrogos son unos insectos coleópteros, similares a los escarabajos, con el lomo de color pardo oscuro y a los que se atribuye el poder de la buena suerte, más aún si tienen dibujados sobre su lomo pardo siete puntitos.

Colgados del cuello, también eran utilizados como talismanes.

Rubí

Este mineral cristalizado, más duro que el acero, es una piedra preciosa empleada en joyería y relojería. Es cada una de las piezas finas incrustadas en determinados relojes.

Desde la antigüedad era considerado emblema de fortuna, pues era presagio de desgracia si se observaba que cambiaba de color.

Su color rojo de un brillo intenso fue lo que probablemente hizo que se le relacionara con la sangre, por ello fue utilizado para contener hemorragias. A esto le siguió que se le considerase bueno para el corazón, la memoria, el cerebro, el vigor y la sangre en su totalidad.

En astrología está asociado con el signo de Leo y colocado bajo la protección de Marte; su simbología está relacionada con la fe y la victoria.

Safis

Los textos del Corán, el libro sagrado del islam, fueron utilizados en multitud de amuletos, entre ellos los safis. Éstos eran utilizados por pueblos africanos de religión musulmana, y consistían en unos papelitos con inscripciones del Corán utilizados contra las mordeduras de serpientes. Para evitar estas mordeduras, debían llevarlo siempre consigo.

Sanavios

Las medecasenses o mujeres de Medellín, en Colombia, son las personas que utilizan los sanavios. Se denominan así los amuletos que estas mujeres llevan colgados en el cuello y puños. Los sanavios están construidos con trozos de madera olorosa que ellas envuelven en un lienzo.

Sándalo

Perteneciente a la familia de los santaláceos, y de madera muy olorosa, es utilizado en ebanistería, y su esencia obtenida por destilación es empleada en perfumería.

La madera de este árbol está considerada un inmejorable talismán para atraer la buena suerte. Para que el talismán funcione, se han de llevar encima unas bolitas de esta madera, metidas en una bolsita confeccionada con tela de franela roja.

Sema

Este prefijo de palabra, con el significado de signo, tenía su propio significado dentro de la cultura egipcia. El sema era un amuleto que los egipcios utilizaban para proteger la tráquea, y con este fin era colgado del cuello de los vivos, pero también de los muertos.

Sortija

Este aro pequeño que se ajusta a los dedos, para su adorno, en la antigüedad tenía la función de servir como amuleto.

El significado y poder que se le atribuía eran similares a los que tenían los anillos, amuletos ya descritos.

Talismán

Se denomina talismán a cualquier figura o imagen a la que se le atribuyen virtudes o poderes, en ocasiones sobrenaturales.

La palabra talismán procede del árabe formado por las expresiones «tilism» y «telsam», palabras que pueden traducirse por «imagen mágica». En ocasiones son confundidos con los amuletos, aunque entre ellos existen claras diferencias.

Un amuleto es cualquier cosa a la que uno sienta afinidad o simpatía, esto es, una «piedra», «pata de conejo», «un cuarzo», «hueso de una fruta», etc. La condición para que esto funcione es que cuando se esté dispuesto a conseguirlo la persona lleve consigo fija la intención para la cual quiere obtenerlo, ya sea para suerte, amor, protección, etc.

Un talismán es algo que se fabrica especialmente para la persona, por lo que se considera personal y para siempre. El talismán se construye en base a lo siguiente:

1. Se debe conocer la carta natal de la persona para encontrar los aspectos que trae de nacimiento y

que no le están favoreciendo en su vida, y que por tanto en ellos tiene dificultad de expresarse.

2. Al conocer los aspectos desfavorables y qué planetas los producen al estar en desarmonía con él, se encuentra el momento en el cielo en el que esos planetas están produciendo un aspecto favorable. En ese momento exacto hay que realizar la unión de los metales por medio de la fusión y que quede esta fuerza vibratoria al enfriarse, con el fin de que éste vibre con la fuerza necesaria para compensar la falta de esa energía en el aura de la persona.

Se dice que su invención proviene de los egipcios, y que existe tal cantidad de ellos que son innumerables. Para ellos los talismanes principales estaban dirigidos al alma, y podemos mencionar entre ellos: el del amanecer, el de la barca divina, el del buitre, el del caldero ordinario, el del cayado, el del brasero con llama, el de la columna, el del escarabajo, el del escorpión, el de la serpiente, el del ojo de Horus, el del laúd de la felicidad, etc.

Los talismanes más conocidos y utilizados popularmente son: la herradura, el trébol de cuatro hojas, los sellos con inscripciones de números y las medallas con imágenes de santos.

Talismanes planetarios

Cuando el talismán es fabricado aprovechando la correspondencia existente entre los planetas, los colores, piedras, metales y animales, se denominan talismanes planetarios.

En la amplia explicación que el médico italiano Masilio Ficino nos expone en su obra *Libri de Vita*, dice que existen siete talismanes, los cuales se corresponden con el Sol, la Luna y con los planetas Saturno, Venus, Marte, Júpiter, Mercurio.

Talys

Reciben este nombre determinados amuletos utilizados por algunas castas indias, en los que no figura ningún grabado.

El amuleto se construye con una plancha de oro a la que se le da una forma redonda, aunque también se puede realizar en plata sin que tenga una forma determinada, o bien puede ser un colmillo de tigre.

Tarni

Los kamulcos utilizaban distintas formas dibujadas sobre pergaminos, que luego colgaban del cuello de los enfermos, pues según sus leyendas esto les devolvía la salud. A estos amuletos les llamaban tarni.

Topacio

Esta variedad de mineral de fluosilicato de aluminio que cristaliza en el sistema rómbico, puede ser incoloro, amarillo, verde, azul o rojo, pero siempre con un lustre vítreo.

En el baremo establecido para medir la dureza de los metales alcanza la cifra de 8, con una densidad de entre 3,4 y 3,6.

Debido a su dureza, es muy apreciado como gema, siendo los mejores ejemplares aquellos que provienen de zonas de la India y de los montes Urales en Rusia.

En astrología es una piedra muy recomendada para todos los nacidos bajo los signos de Cáncer, Géminis, Piscis y Escorpión, y se le encuentra correspondencia con el Sol.

Para los que practican el ocultismo significa prestigio y confianza.

Tríaca

Utilizada como amuleto encargado de actuar como antídoto en los casos de envenenamientos, en la antigüedad era utilizada como fórmula farmacéutica compuesta de muchos ingredientes, siendo el principal de ellos el opio.

De ella se decía que, utilizada con prudencia, era el remedio del mal.

Turmalina

Este mineral está compuesto de sílice y alúmina en proporciones casi iguales, formando unos tres cuartos del total; el resto son pequeñas cantidades de magnesio, calcio, óxido de hierro, ácido bórico y otras sustancias. Es un tanto variable y muy apreciado como gema cuando es transparente y está tallada.

La turmalina, más dura que el cuarzo y más blanda que el topacio, tiene una dureza que oscila entre 7 y 7,5, y una densidad entre 2,98 y 3,20.

Sus colores más frecuentes son el negro, el negro castaño y el negro azulado; también hay variedades azules, verdes y rojas; otros colores menos frecuentes son el blanco e incoloro.

Turquesa

Este mineral amorfo, formado por un fosfato hidratado de aluminio con algo de cobre y hierro, que cristaliza en el sistema triclínico, es apreciado como gema por todo el mundo.

Su dureza se asemeja al vidrio, entre 5 y 6, y su densidad está entre 2,6 y 2,8. Su color varía entre el azul verdoso y el verde grisáceo, aunque todo depende de la cantidad de cobre que contenga, y su brillo es ceroso.

Este mineral ha sido apreciado desde la antigüedad por sus propiedades decorativas y se ha descubierto en colgantes y brazaletes recuperados de tumbas del Egipto antiguo. Los aztecas de Méjico solían utilizar turquesas en el arte de los mosaicos. La mayoría de las veces este mineral se encuentra en grietas de rocas ígneas, que son las formadas por el enfriamiento y la solidificación de la materia rocosa fundida. También se encuentra en incrustaciones en varios tipos de pizarras o como nódulos dentro de la arenisca roja.

Está considerada como un importante talismán en Asia Central, donde simboliza el valor y la esperanza. De él se dice que protege la nariz, el sistema nervioso y el sistema respiratorio, así como del mal de ojo.

Utilizado por los hombres enamorados, les proporciona éxito y a las jóvenes solteras les dota de virtud.

En astrología se la sitúa bajo el signo zodiacal de Tauro.

Su variedad azul cielo, conocida con el nombre de huevo de petirrojo, es la más valorada en joyería. Cuando se expone a la luz del Sol y al calor, puede deshidratarse y entonces su color cambia al verde.

Las zonas más importantes con yacimientos de turquesa se encuentran en Nisapur, Irán. También existen importantes puntos en Egipto y México.

Udjat

Este amuleto, que para los egipcios simbolizaba la plenitud física y la fecundidad universal, consistía en el dios celeste con un ojo maquillado.

Urs

Este amuleto, utilizado por los egipcios, estaba fabricado en marfil o madera tallada, y era colocado como cojín bajo el cuello de los difuntos. Esto era un acto más de todos los que los egipcios llevaban a cabo al preparar a sus muertos en su viaje hasta el más allá.

Wolfbane

Amuleto de origen vudú, consistente en una raíz pulverizada que, metida en una bolsita de gamuza, había que llevarla encima para que surtiera efecto. La raíz pulverizada también era utilizada en santería.

Zabiano

Eran los sacerdotes encargados de construir los talismanes, y su misión principal, además de curar, era la de adorar a los astros. Su nombre también se le dio a uno de los amuletos.

Zafiro

Esta piedra preciosa, variedad del mineral corindón, tiene un color azul intenso, aunque en ocasiones se le da el nombre de zafiro a otras variedades de corindón con otros colores. Así, el corindón incoloro es el zafiro blanco; el corindón amarillo se llama zafiro amarillo o dorado; las piedras rosa pálido son los zafiros rosas, y el rubí es su variedad en color rojo. Los diferentes colores que adquiere el topacio se deben al cromo, hierro o titanio, que en pequeñas cantidades se encuentran mezcladas con el óxido de aluminio, su principal componente.

En astrología está relacionado con el signo de Virgo.

Dentro de la litomancia está considerado como símbolo de la percepción y la recompensa al esfuerzo.

En geomancia está relacionado con el elemento aire, y el jueves como día de la semana, todo esto compartido con el metal de bario.

Los mejores ejemplares de zafiros se han encontrado en Estados Unidos, Tailandia, India, Afganistán, China, los montes Urales y algunos lugares de Australia. Aunque, sin duda alguna, los más apreciados son los encontrados entre los depósitos de arena y grava en Sri Lanka; éstos suelen tallarse en forma convexa y sin caras planas, método denominado «cabujón».

El zafiro en Oriente está considerado un talismán importante contra el mal de ojo, y es empleado en la India contra la peste y diversas enfermedades.

Para los cristianos, estaba relacionado con la pureza y lo consideraban la fuerza luminosa de Dios.

Alberto Magno decía de él: «*Para conciliar la paz, toma el zafiro porque crea la paz y la concordia, y logra que el calor interior del hombre se enfríe.*»

Los magos de la Edad Media lo utilizaban para sus profecías, pues mediante el zafiro establecían conexión con el más allá.

En parapsicología, en su rama de la interpretación de los sueños, se dice que representa un buen augurio, pues el zafiro nos anuncia protección contra la pobreza, las enfermedades y las traiciones.

Para los alquimistas está considerado como símbolo de aire.

Hoy en día los zafiros, como todas las demás piedras preciosas, se fabrican también de forma sintética, por lo que debemos cuidarnos mucho de no ser engañados a la hora de adquirir alguna de ellas para nuestro talismán particular. Sólo un buen experto sería capaz de diferenciarlas.

TEXTO EXTRAÍDO DE
EL LIBRO DE LOS MUERTOS

Las tumbas egipcias, y más concretamente las cavidades dispuestas en el pecho y alrededor de las momias, han proporcionado y nos han legado multitud de pequeños objetos de piedras semipreciosas, como el jaspe, hematites, feldespato, lapislázuli y cornalina entre otras, además de cerámica esmaltada, pasta de vidrio o madera, los cuales pueden ser considerados como amuletos. Entre todos estos objetos podemos encontrar una gran mayoría que están burdamente tallados; sin embargo, otros son verdaderas joyas y obras de arte. Eran los amuletos que los antiguos egipcios utilizaron con gran profusión, sobre todo en la Baja Época, y que según ellos estaban dotados de poderes mágicos, pues no solamente protegían a los muertos sino también a los vivos, especialmente a estos contra las enfermedades, además de contra los conjuros y maldiciones enviados por los enemigos.

En el caso de los difuntos estos amuletos eran colocados alrededor de las momias o incrustados en ellas para proteger sus almas. Así, en algunos de los últimos capítulos del *Libro de los Muertos*, se pueden leer descripciones de talismanes que debían proteger al difunto del alcance del mal.

Tenían varios nombres, como «El Dyed» de oro, la hebilla de Cornalina, el Gavilán de oro y el collar de oro y el «Udyat» de esmeralda. En alguno de estos amuletos se grababan textos mágicos del *Libro de los Muertos*.

En algunas ocasiones, los amuletos reproducían signos de carácter jeroglífico que poseían el mágico poder de la noción abstracta que venían a representar y que transmitían al portador de los mismos. De esta manera el «nivel» del albañil proporcionaba estabilidad, y la caña de papiro, juventud y vigor; el signo «Anj», la vida; el ideograma de «Nefer», la belleza y la perfección.

La variedad de amuletos era infinita, así como las formas variadas y sofisticadas, siendo los más comunes el escarabajo, el «Dyed», el «Udyat», el «Tet» o el «Nudo de Isis».

Cuando un mago creaba un amuleto, introducía en él fuerzas esenciales para preservar la vida y garantizar la inmunidad de un cuerpo o de una momia. Generalmente, para proteger por completo a una momia, había que utilizar ciento cuatro amuletos diferentes, atados a los dedos de los pies o a los tobillos, y con un ritual hacer llegar y circular la «fuerza mágica» a través de todo el cuerpo antes de llegar a la cabeza. De esta manera se protegía el mal bajo todas sus formas.

En el Antiguo Egipto se consideraba una buena madre de familia a aquella que tenía un conocimiento profundo de la magia de los amuletos, los cuales utilizaba para poner a sus hijos al abrigo de peligros exteriores de toda clase e índole. Durante su crecimiento también favorecían el amor, la vitalidad y el éxito en el trabajo.

Como decíamos más arriba, en la Época Baja, los amuletos proliferaron exageradamente por la oleada de una clase de magia cada vez más popular e ingenua, en realidad cada vez más alejada de sus raíces. Se llegó a la común utilización de pelos de vaca, de cabra, así como sustancias más o menos apetitosas para fabricar talismanes. Con el tiempo se fueron alejando paulatinamente de los cánones de la utilización de la magia, hasta llegar a ser casi una grotesca caricatura.

NUEVOS TALISMANES

Nivel 1

Coprocesadores

Éstos son computadoras pequeñas que se unen al cerebro del usuario y lo ayudan con cosas diferentes. Más común es ampliar la memoria mediante sistemas especializados, así como ciertas habilidades y conocimientos, mediante unidades que actúan sobre el sistema nervioso autónomo.

Espejo roto

Éste es uno de los talismanes más simples y se puede utilizar cualquier tamaño, incluso un espejo de mano resquebrajado con un marco dorado. Lo que veamos a través de él en este caso aparecerá viejo, sucio o dañado, y la imagen aparecerá como un cadáver pudriéndose. A través de los crujidos y su imagen torcida pueden verse reflejos del mundo de las sombras y sus habitantes, y las apariciones pueden asomar a través del espejo para intentar entrar en nuestro mundo.

La primera vez que alguien usa un espejo, tiene que tener éxito gracias a su fuerza de voluntad e impedir que la imagen reflejada se resista a mostrar el mensaje. Esto se puede lograr mejorando nuestra voluntad e intentando ver más allá de la simple imagen. El éxito llegará con rapidez.

Fertilizante dorado

Esta poción se prepara utilizando la planta conocida como verbena, a través de un proceso complejo durante el solsticio de verano, donde se destila la fuerza vital del verano y el crecimiento en un caldero. El resultado son redomas pequeñas de un líquido dorado que huele fuertemente a flores y reluce extrañamente con la luz del sol. Está lleno de la quintaesencia y aumenta la velocidad del crecimiento de las plantas inmensamente. Si ha obtenido una solución diluida, apenas funcionará como fertilizante y hará la flor del jardín más seca incluso en pocas horas. Si pone gran cantidad de esencia de la poción en la tierra bajo una planta, empezará a crecer rápidamente y alcanzará su tamaño adulto dentro de unas horas o días. Si vierte todavía más, el crecimiento será aún más rápido y la planta crecerá a tamaño gigante; una redoma entera podría crear amargones fácilmente del tamaño de un árbol. Desgraciadamente, tal crecimiento rápido también acorta la vida de la planta, y se morirá dentro de horas o días.

Eslabón de la computadora

Éste trabaja como un eslabón mental, pero es mucho más simple. Su interfase cibernética le permite al usuario unirse con varias computadoras similares mediante un cable IPX o vía módem, con lo cual la comunicación es rápida y eficaz.

La Biblia de Gregorius

El libro es viejo y forrado en cuero, con una impresión casi imperceptible de la Crucifixión en la tapa. Contiene varios pasajes de la Biblia, unos textos religiosos medievales y un comentario largo (en latín). Lo que hay que hacer con este libro raro es abrirlo al azar y leerlo, pues así el lector normalmente encontrará la respuesta a sus preocupaciones actuales y problemas. Sin embargo, estas respuestas se parecen demasiado a las que daría un monje medieval amistoso, aunque indudablemente reconfortan siempre, pues están llenas de sentido común.

La Espada del Cruzado

Esta espada está bien forjada y posee una magnífica hoja, y aunque carece de cualquier ornamentación ostentosa no la impide ser bonita y eficaz. Lo que la hace especialmente útil es que las personas poderosas se volverán libres de duda; no importa cuál sea su causa, y se sentirán virtuosos y santos. Ninguna tentación o distracción puede hacer que vacilen o renuncien de su fe o su deber.

La Tinta de la Veracidad

Este tipo de tinta normalmente se guarda en frascos especialmente sellados, cubiertos con símbolos detallados de verdad, justicia y honestidad. Cualquier contrato escrito y firmado con esta tinta cogerá fuego al instante y nos permitirá descansar luego de nuestras obligaciones. Si se invocan maldiciones especiales o amenazas en el texto, se harán realidad.

Anillo Mobius

Éste es un anillo simple consistente en una sola venda de oro torcido en un medio-giro antes de unirse. Si el usuario lo pone en su dedo, posiblemente recibirá buena correspondencia en pocos días. También todo volverá a ser como antes de algún desastre o problema, como si se mirase en un espejo del pasado. Cuando gire de nuevo el anillo, el usuario regresará de nuevo a la realidad. El anillo tiene un inconveniente desgraciadamente, pues cuando se usa demasiado a menudo el mago empieza a perder el contacto con su propio mundo e incluso, aunque no quiera, puede terminar finalmente encarcelado dentro del reino al que ha llegado gracias al anillo.

Talismán de la Bestia

Éste simplemente es un pedazo de piel de oso secada, con un simple símbolo pintado usando una mezcla de sangre y cinabrio en un lado. Se lleva alrededor del cuello en una correa de cuero delgada. El usuario está ahora protegido de todas las bestias salvajes que lo evitarán o lo ignorarán con tal de que él también las ignore. También puede servir para ponerse a salvo de hombres lobos, pero siempre que tampoco los reconozca ni les preste atención.

El talismán hace que todas las bestias salvajes ignoren al mago o lo vean como algo natural. Éste es un medallón de bronce y muestra el diagrama clásico de las proporciones humanas dibujadas por Leonardo da Vinci en un círculo, triángulo y cuadrado. Fue inventado originalmente por Leonardo como una señal de reconocimiento propuesta para el Orden de la Razón, pero nunca fue aceptado. Es, sin embargo, bastante eficaz y nos ayuda a meditar o para que su dueño se sienta inspirado en cualquier trabajo. El único problema es que el usuario conseguirá nuevas ideas más rápido de lo que puede absorber y estará saltando constantemente de un proyecto a otro.

Esencialmente este talismán da varios sueños extras y facilita nuevas habilidades para entender los enigmas ocultos, la ciencia, tecnología o medicina.

El Mapa Rojo

Este talismán es legendario entre ciertos grupos de magos, aunque su paradero real es desconocido. Físicamente es justo un mapa en pergamino, teñido en un profundo rojo y cubierto con símbolos poco familiares y diagramas. Sin embargo, cuando la persona vierte su propia sangre encima de él, empiezan a tener sentido y le mostrarán de alguna manera cualquier destino en la Tierra. Desgraciadamente, el mapa se pone ilegible cuando la sangre se ha secado, por lo que hay que verter más sangre en él para que se vuelva legible. La persona tiene que verter la sangre siempre en la misma proporción para usar el mapa.

ÍNDICE

Páginas

Introducción.. 5

Diferencia entre amuleto y talismán 7

Amuletos y talismanes en la historia 23

Adivinación y magia.. 47

Diccionario elemental de personas y elementos
   relacionados 57

Todos los amuletos y talismanes 99

Texto extraído de *El libro de los muertos* 183

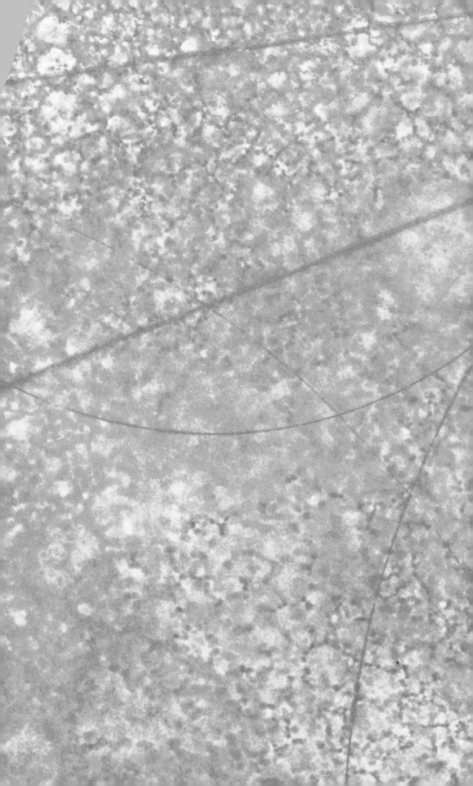